생활 풍속에 담긴
우리 문화 125가지

생활 풍속에 담긴
우리 문화 125가지

배 영 기 著

한국학술정보㈜

머 리 말

　나는 어디에 갔다 왔기에 이제야 우리 문화를 찾아나서는 술래
잡이가 되었을까? 문화에는 우열이 없다고 보는 사람도 있고, 또
어떤 이는 문화우열론을 펼치는 이도 있다. 즉, 고등문화가 야만문
화를 흡수한다는 이론이다.

　어쨌든 문화란 과거의 가치관이 걸러지고 농축되어 현재의 상황
과 맞아떨어져 어떤 행동규범을 낳으며 발전하는 법이다. 과거와
단절된 오늘의 문화는 그 정체성에서도 사생적(私生的)일 수밖에
없고 내일과 연결이 되지 않는 한시적 문화가 될 뿐이다.

　문화를 놓고 정의하라면 사람마다 관점이 다를 수 있다. 그러나
오늘을 사는 세대가 해야 할 가장 소중한 일은 올바른 우리 문화를
올바르게 생각할 수 있고 올바르게 볼 수 있으며, 올바르게 향유할
수 있는 안목을 길러 주는 일이다.

세계화란 남의 문화를 추종하는 것이 아니라, 우리 문화를 남에게 잘 이해할 수 있도록 설명할 수 있는 실력을 갖추는 일이다.

왜 침대와 식탁이 요이불과 밥상을 우리의 안방과 부엌에서 밀어내었는가? 왜 아담의 갈비뼈와 동정녀는 과학 앞에 당당한데 굿과 무당은 변두리로 숨어버리고 말았는가, 어찌해서 '홍익인간', '인내천', '해원상생'은 '실존주의', '휴머니즘', '모더니즘'으로부터 식은 밥이 되어야 하는가.

마지막으로 한 가지만 더 묻는다면 일본의 신, 로마의 신, 이스라엘의 신이 한국의 신보다 힘이 세거나 영험이 우수하다는 증거가 입증된 적이 있는가, 이제 이러한 물음에 대해서 후손에게 답을 해주어야 할 때가 됐다. 이러한 궁금증이 풀리면 저절로 한국인의 자부심을 느끼게 될 것이기 때문이다.

한 마디로 서양은 파워(power)와 컬처(culture)를 같이 생각하고 정복문명을 일구어 왔다. 그러나 고유한 종자가 적합한 토양에 적용되어 발아하고 성장하여 마침내 한 나라의 문화가 이루어지면 아무리 거센 외래문화가 밀려와도 이를 창조적으로 수용하게 된다.

그러므로 뿌리가 튼튼하지 못한 문화는 마치 플랑크톤의 문화, 즉 민족의 혈육 가운데 섞여서 동화되지 못하는 장식문화, 모방문화에 불과하다.

여기 모아진 125가지의 우리 문화 이야기는 각 이야기 간의 일관성은 다소 미흡하지만, 각 이야기 하나하나의 색동천으로 조각보를 만들어 음식이 식지 않게 밥상을 덮어 놓았다고 보면 좋을 것 같다.

이 책의 출간에는 많은 분들의 도움이 있었다. 무엇보다도 어지러운 원고를 컴퓨터에 다시 정리하느라 울산에서 태어난 제자 정임조의 수고가 컸다. 아동문학가이기에 윤문하는 데도 큰 도움이 되었다.

이번에 약간의 내용을 증보하여 한국학술정보(주)에서 출간하게 되니 더욱 기쁨을 금할 수 없다. 특히 출판업의 어려움을 무릅쓰고 출간을 결심한 채종준 사장님의 노고에 감사드리며, 출판사업팀의 박혜경님께 고마움을 표하는 바이다.

2006년 1월 3일
시무식을 마치고 도서관장실에서
배영기 씀

차 례

내 몸에 흐르는 민족의 정기

잃어버린 마음 그릇

쌀밥같이 맑은 마음

따뜻한 마음 나눠 갖기

우리 것의 고요한 숨결

생활 풍속에 담긴 우리 문화

125가지 ....

곰족의 '웅녀'가 진짜 신선 할머니

'단군신화'를 알고 있겠지요?

사람이 되고 싶어 한 곰과 호랑이가 동굴 속에서 100일 동안 쑥과 마늘만 먹고 사람이 된 이야기 말예요.

우리는 그 이야기의 끝맺음으로 호랑이는 배고픔과 고통을 참지 못한 채 뛰쳐나가서 사람이 되지 못했고, 반면 곰은 모든 것을 이겨내어 사람이 된 것으로 알고 있습니다.

그런데 이 이야기를 바로잡아 드릴게요.

우리는 우리 인간의 할머니를 곰으로 잘못 알고 있는데, 사실은 여기서의 곰은 동물의 곰이 아니라 곰족의 여자인 '웅녀'이시랍니다.

지금부터 4,400여 년 전, 인류의 위대한 큰 스승이신 환웅 신선님께서 3,000여 명의 무리와 바람과 비와 구름을 다스리는 신들과

더불어 신단수에서 우주와 인간의 360일을 널리 이롭게 가르쳐 나
라를 다스리고 있었습니다.

이때 곰족의 '웅녀'와 호랑이족의 '호녀'가 환웅 신선님의 지혜를
배우고 싶다고 간절히 부탁을 했습니다. 그러자 환웅 신선님께서
쑥 한 다발과 마늘 스무 개를 주면서, 그것을 먹되 햇볕을 보지
말고 100일 동안 수양을 하면 지혜를 얻을 것이라고 했습니다.

그러나 지금껏 동물의 먹이만을 먹고 살던 '웅녀'와 '호녀'의 고
통은 이루 말할 수가 없었지요. 결국 어떻게 되었을까요?

그나마 참을성이 컸던 웅녀는 21일 만에 지혜에 이르는 도를 깨
우쳐 인간이 되었지만, 성질이 급하고 참을성이 부족했던 호녀는
도망치고 말았습니다.

그다음 이야기는 우리가 알고 있는 것처럼 웅녀와 환웅 신선님
께서 결혼하여 아들을 낳았는데 그 아들이 바로 '단군', 우리가 알
고 있는 단군할아버지십니다.

이제 알겠죠? 우리 민족의 할머니는 '곰'이 아니라 곰족의 '웅녀'
랍니다.

달궁달궁 어디 갔다 왔나!(단동치기 십계훈)

우리 할머니와 할아버지들이 귀여운 손자의 재롱을 보면서 부르
는 노래 중에 이런 노래가 있었지요.

'달궁달궁 어디 갔다 왔나……'

이 노래뿐만 아니라 우리가 알아들을 수 없는 재밌는 말에 노랫
가락을 붙인 것들이 많았습니다.

지금은 커서 기억하지 못하지만 우리도 어렸을 때는 할머니, 할
아버지의 이런 노래에 맞춰 재롱을 부리며, 춤도 추었을 거예요.

우리가 텔레비전이나 라디오를 통해서 즐겨 듣는 랩(RAP)이나
빠른 노랫말은 쉽고 재밌지만 시간이 지나면 곧 머리에서 잊혀지
는 성질을 지녔습니다. 하지만 우리의 조상님들로부터 전해 내려
온 오래된 노래 속에는 요즘 노래가 갖지 못한 깊고 은은한 향기

와 지혜가 담겨 있어요.

특히 아래 열 가지, '단동치기 십계훈(檀童致基十戒訓)'에는 아기들이 바른 사람으로 성장하기를 바라는 조상님들의 소망 이 잘 담겨 있습니다. 다 함께 알아보아요.

1. 불아불아(불亞불亞): 하늘과 내가 둘이 아니라 하나라는 뜻.

2. 달궁달궁(達窮達窮): 끝없는 하늘까지 달달달 통한다는 뜻.

3. 도리도리(道理道理): 고개를 오른쪽 왼쪽으로 돌리면서 도리에 맞는 행동을 하라는 뜻.

4. 단지단지(檀知단知): 두 손바닥으로 손뼉을 치면서 단군 자손임을 잊지 말라는 뜻.

5. 지암지암(地암地암): 손가락을 오므리면서 땅과 오행을 알라는 뜻.

6. 곤지건지(坤旨乾旨): 오른손 가운데 손가락으로 왼손 손 바닥을 찌르면서 천지 음양을 알라는 뜻.

7. 질라훨훨(疾羅훨훨): 나쁜 병을 털어 버리고 훨훨 자유롭 게 날아다니라는 뜻.

8. 작궁작궁(作窮作窮): 마음을 둥글게 하라, 혹은 내 말 알 아들었지? 라는 뜻.

9. 섬마섬마(섬摩섬摩): 자주, 독립, 자조하라는 뜻.

10. 자장자장(自獎自獎): 내 손은 약손이니 걱정 말고 잠들라 는 뜻.

환웅 할아버지의 매

옛날 '환웅'시대 때 '원보'와 '팽우'라는 형제가 있었습니다. 원보는 하나님의 피가 흐르는 '적자'였고, 팽우는 원숭이의 피가 흐르는 '서자'였습니다. 원보는 양심을 가지고 순종하는 사람이었고, 팽우는 욕심을 부리고 거칠게 행동하는 동물적인 사람이었지요.

이 사실을 안 환웅 할아버지는 '원보'에게는 '말'로써 가르쳤지만, '팽우'에게는 동물본능을 막도록 '매'로써 가르칠 수밖에 없었습니다.

우리 주변에는 '말로써 가르칠 원보'와 '매로써 가르치지 않으면 안 될 팽우'가 있습니다.

오늘, 친구와 다투었거나 부모님의 말씀을 듣지 않았거나, 웃어른께 무례하게 대했거나, 장난을 심하게 쳐서 매를 맞은 어린이가 있다면 한번 생각해 보세요.

나는 과연 원보와 같은 피가 흐르고 있는가? 아니면 팽우와 같은 피가 흐르고 있는가를 말이에요.

그것을 곰곰이 생각해 보았다면 부모님이나 선생님이 때린 매를 환웅 할아버지가 나에게 댄 매라고 한번 생각해 보세요.

어때요? 그 매가 '약'처럼 소중하지 않나요?

팽이치기를 하는 이유

팽이치기를 해 봤겠지요?

얼음판이나, 매끄러운 바닥에서 매를 맞고 어지럽게 돌아가는 팽이. 맞으면 맞을수록 더 힘이 나는 팽이. 아프다는 소리는커녕 신나게 잘만 도는 팽이.

우리가 알고 있는 놀이 중에는 여러 가지 놀이가 있지만 팽이치기만큼 오래된 놀이도 아마 없을 거예요.

아주 오래 전부터 우리 조상들은 후손들에게 '팽이치기'를 시켰답니다. 그러니까 팽이치기는 조상 대대로 이어져 내려온 전통 깊은 놀이 중 하나이지요.

그런데 우리 조상들은 왜 팽이치기를 했을까요? 특별한 운동이 되는 것도 아니고, 머리를 써야 하는 운동도 아닌데 말이에요. 자,

그 이유는 이렇답니다.

팽이는 '놈팽이', '잠팽이', '곰팽이'라는 뜻으로 더럽고 악하고 추한 것을 가리킬 때 쓰는 말입니다. 사람으로 태어나서 착하지 않고, 악한 짓을 하는 것은 팽이의 본성, 즉 큰 돈을 욕심내고, 음식을 욕심내고, 자식을 욕심내고, 높은 자리를 욕심내고, 남에게 자랑하고 싶어 하고, 나 자신만을 생각하는 나쁜 마음이 있기 때문이라는 것이죠.

이것을 안 조상들은 사랑하는 후손들이 팽이처럼 살지 않고, 세상의 주인공이 되기를 바라는 마음에서 '팽이치기'를 시킨 것입니다.

내 마음에는 어떤 팽이가 살고 있는지 곰곰이 생각해 볼까요? 그러고 나서 그 나쁜 마음을 꺼내어 팽이를 치듯 아프게 딱딱, 때려 주세요. 다시는 내 마음속에 들어오지 못하게요.

줄다리기를 해요!

운동회 날, 크고 작은 행사가 끝나면 운동장에 모인 많은 사람들이 청군과 백군으로 나뉘어 줄다리기를 합니다. 줄다리기는 많은 사람이 모이면 어김없이 하게 되는 단체 놀이로서 마음과 힘을 한데 모으기에 더없이 좋지요.

우리 조상들은 이 줄다리기를 명절이나 특별한 날에 곧잘 하였는데, 특히 정월 대보름에는 빼먹지 않고 했다고 합니다.

우리 민족은 본래 미는 본성보다 무엇을 당기는 본성이 강하기 때문에 줄다리기를 하여 잡아당기는 본성을 키워 주기 위해서였죠.

이렇게 줄다리기를 할 때 꼭 필요한 것이 바로 '줄'인데 줄에는 여러 가지 의미가 담겨져 있습니다.

우선 하늘과 인간을 연결시켜 주는 동아줄의 의미가 있습니다.

또 부모와 자식을 연결시켜 주는 탯줄, 너와 나를 연결시켜 주는 한마음이라는 의미도 있습니다. 줄다리기를 하면서 잡아당기는 본성도 키우고, 마음이 흐트러지지 않도록 하나로 연결시키자는 것이죠.

그런데 요즘은 이 줄다리기를 학교 운동회에서나 볼 수 있을 뿐, 명절날에도 보기가 힘듭니다. 여러 사람이 모여 하는 것을 성가셔 하고 혼자 있기를 좋아하는 습성, 조금 이기적이라고 할 수 있는 마음 때문이지요.

이렇다 보니 결국 하늘과 인간을 연결시켜 주던 줄은 썩은 줄이 되었고, 부모와 자녀 사이의 핏줄은 통하지 않고, 너와 나를 한마음으로 이어 주던 줄은 이기심으로 끊어졌고, 결국 남과 북도 지금처럼 단절되었다고 하면 지나친 말이 될까요?

그렇다면 어떻게 할까요? 다시 줄을 꼬아서 당겨야겠지요. 튼튼한 삼나무 껍질로 음줄과 양줄을 꼬아서 통일줄, 동아줄, 한마음줄을 만들어, 당기고 또 당겨서 우리 민족의 본성을 찾아야겠죠.

하늘을 닮게 하는 연날리기

연날리기를 해본 적이 있을 거예요.

기다란 연실에 꼬리가 긴 연을 달고 높이높이 날려 보던 연. 가보지 못한 세계를 그리워하며, 그 먼 곳으로 연을 날려 보내면 마음이 하늘처럼 넓고 커져서 벅차오르던 순간들이 있었을 거예요.

우리 조상들은 우주의 진리를 연 속에다 감춰놓고 연을 띄우면서 공부를 해 왔습니다.

연은 하늘이 있고, 땅이 있고, 사람이 있다는(삼위일체) 진리를 깨닫게 해 주었으며, 끝없는 욕심을 억제하라는 교훈을 얼레와 연실의 관계로 느끼게 해 주었습니다.

또 연날리기를 하면, 어린이 같은 맑은 마음이 생겨나고, 흙과 나무와 풀과 어울려 사는 시골 사람처럼 진솔한 마음이 생겨납니다.

그래서 우리 조상들은 이 좋은 놀이를 꾸준히 해왔던 것이지요.

우리 모두에게 끼어 있는 탁한 마음과 움츠렸던 마음을 버리고 오늘 밖으로 나가 마음껏 연실을 풀어 보는 건 어떨까요?

나도 모르는 순간에 내 생각의 그릇이 하늘처럼 넓어지고, 가슴이 뻥 뚫리는 느낌을 받을 거예요.

가위! 바위! 보!

편을 갈라야 하거나, 많은 사람 중 한 사람을 선택해야 할 때 여러분은 어떤 방법을 사용하나요?

아무래도 '가위 바위 보'로 결정하겠죠?

'가위 바위 보'야 말로 준비할 수도, 미리 짜 놓을 수도 없는 것, 그래서 져도 불만을 품을 수 없는 가장 보편화된 방법이자 공평한 방법이니까요.

이 '가위 바위 보'는 우리 민족의 고대 철학이라고도 할 수 있는데, 우선 '가위 바위 보'가 무엇을 의미하는지부터 알아볼까요?

가위는 사람, 바위는 땅, 보는 하늘을 가리킵니다. 그래서 가위는 보를 이기고, 보는 주먹을 이기고, 가위는 주먹한테 지고, 주먹은 보한테 지는 것이지요.

바로, 하늘과 땅과 사람의 조화를 '가위, 바위, 보'로 가르쳤던 것입니다. 우리가 알고 있는 삼권분립, 삼위일체, 심신일체도 모두 가위, 바위, 보의 이치를 정치, 종교, 생활에 활용한 것입니다.

그런데 참 이상합니다. 가위, 바위, 보의 상식적인 이치를 알면서도 그 이치를 어기는 사람들을 참 많이 만나게 되니 말예요.

하늘과 땅보다 사람이 우선이 되고, 사람이 주인이 되어 하늘과 땅을 마구 훼손하고 있습니다. '가위, 바위, 보'의 이치를 다시 한번 생각한다면 적어도 지금처럼 엉망이 되진 않을 텐데요.

전통 혼례 속에 숨은 몇 가지 의미

결혼식을 상상하면 으레 하얀 드레스를 입은 신부와 턱시도를 입은 잘생긴 신랑이 떠오를 것입니다. 식장을 가득 메운 축하객과 웨딩마차도 떠오르겠지요. 이 모습은 우리의 전통혼례가 아니라 서양의 결혼식 풍경인데 마치 오래 전부터 있어 왔던 우리 문화의 한 장면인 것처럼 인식되어 버렸습니다.

하지만 지금도 전통혼례가 사찰이나, 특정 장소, 기관에서 심심찮게 치러지고 있답니다. 그렇지만 전통혼례나 지금의 예식장 문화 중 어느 것이 더 좋다거나 바람직하다고 말할 수는 없겠지요. 단지 각자의 취향일 테니까요.

그런데 여러분은 우리 전통 혼례에 대해서 얼마나 알고 있나요? 설마 연지곤지 찍은 각시와 치렁치렁한 한복을 입은 신랑이 전부는 아니겠지요? 만약 그렇다면 이번 기회에 알아두세요. 단 몇 가지라도 말예요.

비록 전통혼례는 보기 어려워졌지만 그 속에 담긴 뜻은 알아 두어야 하는 게 마땅하지요.

● 혼례식을 할 때 상 위에 '암탉과 수탉'을 올려놓는 이유는?

왜 그 많은 짐승 가운데 하필 징그럽고 난폭한 닭을 올릴까요? 귀여운 토끼도 있고 다람쥐도 있는데 말예요.

그 이유는 남자와 여자가 서로 합하여 하늘의 자식을 낳고, 하늘의 참뜻으로 자식을 가르치고, 하늘의 참뜻으로 정치를 하라는 뜻에서입니다. 원칙적으로 이 모든 의미를 가진 것은 봉황이라는 새인데 봉황을 대신하여 닭을 올리는 것입니다.

● 혼례식 탁자에 무로 만든 '암수 돼지'와, '대추', '밤'을 올리는 이유는?

무를 돼지 모양으로 만들어 올려놓은 이유는, 자식을 많이 낳으라는 의미입니다. 그중 수돼지 입에 '대추'를 물려 놓는 이유는 대추씨처럼 강한 자식을 보라는 의미이며, 암돼지에게 '밤'을 물려 놓는 이유는 살림을 잘해서 부자가 되라는 의미입니다. 혹시 현대식

혼례를 마치고 폐백을 드릴 때 부모님께서 신부의 치마에 밤을 던져 주는 풍경을 본 적이 있나요? 이것도 다 같은 의미랍니다.

◑ 혼례식을 마치고 나무로 빚은 '기러기 한 쌍'을 신랑이 신부 집으로 가지고 가는 뜻은?

기러기는 철저한 일부일처(一夫一妻)라고 합니다. 한 쌍이 된 기러기 부부는 죽을 때까지 절개를 지키는 새로 알려져 있습니다. 기러기는 양(羊)과 같이 평화롭고 질서 있는 집단생활을 하며 다른 짐승을 해치지 않고, 무리를 지어 공중 높이 날기 때문에 다른 새에 비해 시야가 넓은 새이기도 합니다. 그래서 아는 것이 많고 앞일을 내다볼 줄 아는 새로 상징됩니다. 서양의 기독교 국가들의 휘장에 있는 독수리와는 근본적으로 다른 의미를 가진 기러기는 평화와 사랑을 상징하기도 합니다.

이제 알겠죠? 우리의 눈에는 거추장스럽고 촌스럽게 보이지만 우리 조상들은 어느 것 하나에도 의미를 두지 않은 것이 없답니다. 사소하고 작은 것에도 염원을 담은 조상들의 사랑과 지혜로움을 알고 이어가는 것이 우리의 몫입니다.

비록 서구 문명의 도입으로 많은 것이 사라지고, 잊혀져 가고 있지만 지킬 것은 고집스럽게 지키는 것이 주체성 있는 민족의 태도겠지요.

연지곤지는 왜 찍을까?

옛날, 여자가 시집을 갈 때 머리에 족두리를 이고 두 볼에 사과보다 빨간 연지곤지를 찍었다는 것을 알지요?

그렇다면 왜 볼에 연지곤지를 찍었는지 알고 있나요? 그냥 예뻐 보이기 위해서라구요? 아니랍니다. 그 속에는 이런 의미가 숨어 있답니다.

연지곤지를 찍는 이유는 삼신, 즉 조화신(造化神), 교화신(敎化神), 치화신(治化神)에게 순종하겠다는 표시입니다.

이마에 바르는 연지는 우주 자연의 창조주인 '조화신'을 잘 받들 겠다는 뜻이며, 오른쪽 볼에 바르는 연지는 '교화신'의 뜻을 잘 받들겠다는 뜻입니다.

또 왼쪽 볼에 바르는 연지는 '치화신'의 뜻을 잘 받들어 규칙과 질서를 잘 따르겠다는 뜻입니다.

이처럼 결혼을 앞둔 신부가 삼신의 뜻을 잘 받들어 화목하고 바른 가정생활을 꾸려나가겠다는 각오로 연지곤지를 찍는데 그 어떤 악마가 찾아오겠어요?

아마 조금이라도 눈치가 있는 악마라면 붉은 연지곤지를 보고 한달음에 도망쳐버렸을 거예요.

긴 머리에 댕기를 드린 이유

"저런, 계집애 머리가 선머슴 애도 아니고 왜 저렇게 짧으냐?"

나이 드신 분들이나 할머니들은 짧은 머리를 보면 절레절레 고개부터 흔들지만, 긴 머리를 보면,

"참, 곱기도 하지. 암, 모름지기 여자는 저래야 하고말고."라며 흐뭇하게 고개를 끄덕입니다.

그 이유는 뭘까요? 바로 예부터 단군의 자손은 머리를 길게 길러 댕기로 묶어 단군의 자손임을 표시해 왔기 때문입니다.

이때 댕기는 단기라는 말과 같으며, 머리카락을 세 가닥으로 땋는 것은 하늘, 땅, 사람을 상징합니다.

조상들은 우리가 단군의 자손임을 언제나 잊지 말라는 뜻의 노랫말을 지어 수천 년 전부터 후손들에게 가르치기도 했습니다.

'잇나젓나 갑사댕기 이길나길 문대문대 아방빵 어룽더룽 궁청가
마 돌라체!'

이런 식으로 말이에요. 그러니 긴 머리를 좋아하고 짧은 머리를
싫어하는 게 당연할 수밖에요.

별을 따서 구워 먹자!

'별 하나 나 하나, 나 하나 별 하나.
별 하나 따서 불어서 구덕에 넣고
별 둘 따서 불어서 구덕에 넣고……'

이런 노래를 들어 본 적이 있나요?

위의 노래는 우리 조상들이 어린 시절에 우주 공부를 하면서 부른 노래입니다. 그런데 참 신기하지요? 어떻게 별을 따서 구덕에 넣고 구워 먹을 생각을 다 했을까요?

하늘이 머리 위에 있고 별은 손만 닿으면 딸 수 있을 만큼 가까이 있는 것 같지요.

아마도 매연이 없고 네온사인이 없고, 환경이 오염되지 않았을 때나 상상해 봄직한 풍경입니다.

물론 지금은 우주선을 타고 별나라로, 달나라로 가는 때입니다. 우주의 신비가 하나 둘 벗겨지고 사람이 살 수 있는 별을 찾아보는 최첨단 과학의 한가운데 우리가 살고 있기도 하고요.

그렇지만 과연 우리가 별과 달과 가까워졌다고 할 수 있을까요? 우리는 지금 별과 달을 가까이 하려는 게 아니라, 별과 달을 정복하려고 하잖아요.

과학이 발달하고 살기 편해졌다고는 하지만 모든 부분이 다 좋아진 것은 아닌 것 같습니다. 도심에서는 별을 볼 수 없고, 말갛게 떠오른 달도 보기 어려우니까요.

하지만 오늘, 창문이라도 열고 별 노래를 크게 불러 보는 건 어떨까요? 별이 한 발짝 내 가까이로 다가올 거예요.

'헷쎄 닦아!'

'당뇨병', '고혈압', '비만' 등은 현대인들에게 급속도로 번져 가는 현대병입니다. 특히 요즘은 당뇨병에 걸린 어린이들까지 늘어나서 어른들의 걱정을 사기도 합니다.

이런 병은 유전적 요소 때문에 발병하는 경우도 있지만, 평소 잘못된 식사습관이나 정신적 스트레스가 주요 원인이 됩니다.

통계에 따르면 현대인들의 질병 중 70~80% 이상이 육체적인 질병이 아니라, 정신적인 스트레스에 의해 발병한다고 합니다.

그런데 지금처럼 의학이 발달하지 않았던 옛날, 우리 조상들은 대체 어떤 방법으로 병을 치료했을까요? 병원이 가까이 있었던 것도 아니고, 마음 놓고 약국을 찾을 수 있었던 것도 아닌 그런 시대였는데 말이죠.

그럴 때 우리 조상들은 심리학적으로 질병을 치료하며 살았습니다. 가령, 딸꾹질을 할 때 옆에서 갑자기 따귀를 살짝 때리면 딸꾹질이 멎는다든가, 가시가 목에 걸렸을 때는 가시를 머리에 이고 있으면 내려간다든가 하는 방법으로 말예요.

그중 특히 재미난 것이 하나 있는데, 바로 몸이 많이 아플 때 그 사람 곁에서 '헷쎄 닦아'라고 소리치는 것입니다. 이때 '헷쎄'가 가리키는 것은 헛것, 가짜, 환상, 부정, 마귀, 잡것 따위입니다. 그러니까 '헷쎄 닦아'라는 말은 가짜와 환상과 부정과 마귀가 사라지고 건강과 진실과 진리가 찾아오라는 뜻입니다.

물론 이것을 논리적으로 설명하기는 어렵습니다. 하지만 우리 조상들은 실제로 이와 같은 방법으로 많은 질병을 이겨내며 건강하게 살아왔습니다.

바로 '나는 곧 낫는다', '나는 곧 괜찮아진다'라는 자기최면을 걸었기 때문에 원하는 대로 병이 나았던 것입니다.

이와 같은 '자아자치성' 즉, 내가 내 자신을 스스로 치료하는 성질은 자기 치료의 가장 탁월한 방법입니다. 이 성질은 실제로 과학적 요소가 있다고 현대과학이 발표한 바 있습니다. 과학적인 것보다 훨씬 과학적인 것이 바로 사람의 '믿음'과 '확신'이라는 생각이 듭니다.

고수레! 고수레!

나이 지긋하신 할머니, 할아버지와 들에서 식사를 해 본 사람은 음식을 먹기 전에 '고수레!'하는 소리와 함께 음식을 조금 덜어 던지는 것을 보았을 것입니다.

어린이 중에는 한 번도 못 본 사람도 있을 거예요. 그렇게 보기 쉬운 풍경은 사실 아니거든요. 하지만 농촌에 가면 '고수레' 하며 음식을 덜어 밖으로 던지는 아름다운 풍경을 운 좋으면 볼 수가 있답니다.

이렇게 고수레한 음식은 벌레와 짐승과 새들이 먹게 되는데, 우리 어른들은 이것을 마땅히 해야 할 도리라고 여겼습니다.

'이렇게 맛있는 음식을 주셔서 고맙습니다. 그러니 모든 생명들과 나누어 먹겠습니다.'

고수레를 하는 이유는 바로 여기에 있지요.

'고수레' 풍속은 환인 3세이신 고시리(古是利) 환인께서 농사법을 발견하여 식생활이 풍족해지자 그 은혜에 보답하기 위하여 감사 인사를 예로 표현한 것입니다.

이 고수레 정신은 현대적인 의미로 분석해 보면, 하늘과 자연과 국가와 민족에게 먼저 음식을 바치는 숭배 정신, 은혜 정신이라고 할 수 있습니다. 또 새와 짐승과 벌레와 나눠 먹음으로써 자연의 모든 생명과 한마음이 되기를 원했던 소박한 마음을 엿볼 수도 있습니다.

조상들로부터 전해 내려온 풍속 중에는 여러 가지가 있지만 '고수레'만큼 우리 민족의 고운 성품과 순수한 마음을 잘 나타내는 것도 아마 없을 것 같네요.

떡과 인절미에 담긴 뜻

떡? 떡? 떡?

이 말에 대해서 생각해 본 적이 있나요?

우리가 지금까지 알아 본 바에 의하면 우리 민족은 사소한 이름 하나에도 깊은 의미를 담아 두었는데 '떡'이라는 말에도 분명 깊은 뜻이 담겨 있을 것 같아요.

'떡'이란 말은 '덕(德)'이란 말에서 나왔답니다. 목화송이같이 부드럽게 모든 것을 따뜻하게 안아주는 큰마음을 의미하지요.

또 '인절미(仁節味)'라는 말은 글자 그대로 어진 마음과 절도가 있는 맛, 마음씨를 의미합니다.

이렇게 우리 조상들은 떡과 인절미를 먹을 때 음식만 먹는 게 아니라, 도덕과 정신도 함께 마음에 새겼던 것입니다.

그런데 요즘 가만히 보면 우리의 먹을거리는 참 많이 변했습니다. 사탕, 과자, 피자, 햄버거, 아이스크림, 껌, 케이크 등등.

하나 같이 우리의 혀를 자극하는 것들이지만 과연 우리의 것이 어디에 살아 숨쉬는지 생각해 봐야겠지요.

아들은 고추! 딸은 숯!

지금은 보기 드문 풍경이지만 옛날 우리 조상에게는 '금줄'을 치는 풍속이 있었습니다.

'금줄이 뭐야? 금으로 된 줄인가?'

라고 고개를 갸우뚱하는 어린이가 있다면 이 설명을 잘 들으세요.

'금줄'이란 것은 아기를 낳았을 때 대문 앞에 치는 새끼줄입니다. 아들을 낳았을 때는 고추, 딸을 낳았을 때는 숯을 왼쪽 방향으로 꼰 새끼줄에 흰 종이와 함께 끼어 대문 앞에 매달아 놓았습니다.

고추는 태양, 낮, 남자를 의미하며, 숯은 달, 어둠, 여자를 상징합니다. 또 백지는 태양의 빛깔로, 신성하고 거룩하고 맑고 깨끗함을 상징하지요.

이렇게 금줄을 치는 이유는 잡귀, 귀신, 부정 탄 사람을 못 오게

하여 아기와 산모를 보호하기 위해서입니다. 또 금줄을 보면 굳이
묻지 않아도 산모가 아들, 딸 중 무엇을 낳았는지 알 수 있었지요.

　금줄을 쳐서 한 생명의 탄생을 축복하고 다 함께 건강을 빌어
주던 소박한 풍속, 참 아름답지요?

장독의 화려한 치장

집에 독 하나쯤은 있을 거라고 생각해요. 한번도 본 적이 없는 어린이가 있다면 지금 당장 아파트 베란다나 마당 구석진 곳을 한 번 기웃거려 보세요. 투박하고 허리가 굵은 독과 눈이 딱 마주칠 거예요.

시골에 가면 독만 따로 모아둔 장독대가 있는데, 예전에는 독의 개수를 보고도 그 집이 부자인지 가난한지, 그리고 가족수가 얼마나 되는지 알 수가 있었다고 합니다.

그렇다면 이 독 안에는 무엇이 들어 있었을까요? 바로 장들이 꼭꼭 숨어 있지요. 된장, 고추장, 간장 등등.

이렇게 장독에 든, 장을 담그는 풍경에도 신기한 것들이 많다고 하는데 한번 알아볼까요?

먼저, 장을 담글 때 독 안에 숯과 고추를 넣는 이유는 뭘까요? 또 항아리 입구에는 왜 고추와 백지로 새끼줄을 치고, 독 아랫부분에 귀한 흰 버선을 거꾸로 붙여 두는 걸까요?

장 속에 숯을 넣는 이유는, 장에 녹아든 노폐물과 세균을 숯이 빨아들이기 때문입니다. 새끼줄을 치고 고추와 흰 종이를 끼우는 이유는, 날짐승이 앉거나 똥을 누지 못하도록 엄포를 놓는 것이며, 흰 버선을 거꾸로 붙이는 이유는 길짐승과 밤도둑에게 '여기는 장독이니 함부로 손을 대면 큰 벌을 받을 것이다'라는 경고용 표시입니다.

우리가 얼핏 생각할 때 미신 같지만 새, 짐승, 도둑에게 미리 경고를 해 두고, 또 그렇게 함으로써 보호받을 수 있을 것이라고 믿었던 우리 조상들의 순수한 마음을 엿볼 수 있습니다.

단지 속에 든 작은 조화

'조황단지', '장단지', '부루단지'가 무엇인지 혹시 알고 있나요? 플라스틱이나 나무로 된 상자에 익숙한 어린이에게는 다소 생소한 단어일 것입니다.

또 장독과 단지가 구분되지 않아 머리가 복잡해지는 어린이들도 있을 것입니다. 장독은 앞에서 말했던 것처럼 음식을 담던, 특히 장 종류를 가득히 담아 두는 저장용 큰 독을 말하며, 단지는 우리 할머니들이 어린이가 입을 옷과 가정에 필요한 실, 바늘, 가위, 약품, 편지, 문서 따위를 넣어 두던 그릇을 말합니다.

더 자세히 말하자면 단지(壇旨)는 흙으로 만든 그릇으로 단군 2세이신 부루 단군의 높으신 뜻이 담긴 신성한 그릇을 말합니다.

우리 조상들은 그 단지 속에 생필품을 담아 놓고 그 속에 머물고 있는 정령의 단군 혼과 연결시켜 정신과 물질생활의 조화를 이루려고 했던 것이지요.

그런데 지금은 어떤가요?

단지라고 하면 촌스럽고 낡은 것의 대명사로 불리고, 골동품 신세가 돼 버렸습니다. 마치 우리 조상들의 혼이 사라지고 있듯이 말입니다.

우리의 몸속에는 한민족의 피가 흐르고 있는데 먹고, 입고, 생각하고, 만지고 가까이 두는 것이 자꾸만 서양의 것을 따라가고 있으니 온전한 우리 것으로 이제 무엇이 남았는지 모르겠습니다.

우리의 주변이 옛것에서 멀어져 가더라도, 우리의 몸과 마음만은 우리 것을 온전하게 지킬 수 있기를 바랍니다.

조왕신(竈王神)의 벌

우리 조상들은 우리가 살고 있는 그 어느 곳에도 신이 있다고
믿었습니다. 그래서 그 어느 곳을 가든지 신의 눈에 어긋난 짓을
하지 않았으며, 신이 자신의 옳고 그름을 판단하여 복을 줘야 할
때는 복을 주고 벌을 줘야 할 때는 벌을 준다고 믿었습니다. 그래
서 하늘을 제일 무서워했지요.

우리 조상들이 믿고 숭배했던 신 가운에는 '조왕신(竈王神)'이라
고 하여 부엌에서 부엌살림을 지켜보는 신이 있습니다. 지금도 농
어촌에 가 보면 매일 아침 일찍 샘물을 떠다가 부뚜막 위에 올려
놓고 조왕신께 기도드리는 모습을 볼 수 있습니다.

'우리 아들, 딸, 몸 건강하고 공부 잘하고, 부디 아무 탈 없기를
빕니다. 그래서 나라에 필요한 인물이 되도록 도와주시옵소서.'라

고 말입니다.

'조왕신'이란 700만 신 가운데 부엌을 다스리는 신으로, 집(家) 밑에 있는 용(龍)의 모습을 하고 있다고 합니다. 조왕신은 1분 1초도 빠뜨리지 않고 부엌을 드나드는 사람의 행동을 지켜보았다가 근검절약을 하면 복을 주고, 게으름을 피우고 낭비를 하면 화를 준다고 합니다.

요즘은 부엌이 집 내부와 연결되어 우리 어린이들도 쉽게 부엌을 드나들지요. 물을 마시고, 아이스크림을 꺼내 먹고, 주스를 마시고, 생크림 케이크를 꺼내 먹느라고 말이에요.

여기서 문제는, 요즘 음식이 풍족해서 음식의 고마움은커녕 야릇한 입맛에 길들여져서 내 입에 맞지 않으면 멀쩡한 음식도 쓰레기통에 버리고 만다는 것입니다. 우리와 가까운 곳에 있는 북한의 어린이들은 먹을 것이 없어 영양실조에 허덕이고 있는데 말입니다. 정말 '조왕신'이 우리 모습을 보신다면 우리에게 어떤 벌을 내릴까 겁이 납니다.

몽고인의 새해 첫날 맞이

해마다 새해 첫날이 오면 우리의 가슴은 설렙니다.

'어떻게 일 년을 계획할까?'

'어떻게 하면 나의 일 년이 힘차고 늘 새로울까?'

그래서 새해 첫날 일출을 보기 위해 고생고생해서 바닷가로, 높은 산으로 올라가는 사람을 볼 수가 있습니다. 새해 첫날 첫해를 보면서 한 해 동안 이룰 목표를 세우고, 해의 기상을 닮으려는 것이지요.

그런데 아쉽게도 우리가 새해를 맞는 풍경은 대부분 여기에서 그치고 맙니다. 물론 조상님께 절을 올리고 웃어른들께 인사는 하지만 그 후로는 모두 방에 앉아 놀거나 입방아를 찧기 바빠집니다. 그런데 몽고인들은 새해를 맞는 표정이 우리와 많이 다릅니다.

※환단고기에 보면 B.C 2137년 단군 4세이신 오사구 황제의 동생인 오사달을 몽고로 보냈는데 그가 다스린 민족이 몽고족이 되었다고 합니다.

몽고인들은 씨름, 말타기, 활쏘기를 즐기며 특히 정월 초하룻날 10세 전후 어린이들에게 영하 40도의 추위에도 아랑곳 않고 알몸으로 수십 킬로미터나 되는 거리를 말타기 경주를 시켜, 그해 가장 용감한 어린이를 뽑는 행사를 해 왔는데 지금도 그 행사를 계속하고 있다고 합니다.

설날이 되면 방에 앉아서 세배를 하고 세뱃돈을 주고받는 것도 나쁘진 않습니다만 대륙적 기질을 가진 민족으로서 보다 힘차게 새해를 맞이해야 하지 않을까요?

※ 환단고기: 계연수가 일제 초기에 편찬했다는 한국 상고사를 서술한 역사책.

옷 이름에 담긴 뜻

지금은 직업에 귀천이 없고, 신분의 높낮이 또한 없기 때문에 옷차림에도 구분이 없습니다. 옷차림에 약간의 차이가 있다면 직업 특성상 구분이 있을 뿐이지요.

그러나 신분의 차가 있었던 옛날에는 옷차림도 구분이 뚜렷했습니다. 그래서 입고 있는 옷만 보고도 그 사람이 어떤 신분에 있는지를 알 수 있었고, 아는 사람이든 모르는 사람이든 자기보다 신분이 높은 사람에게는 허리를 굽혀야 했습니다.

여기서 우리가 알아볼 것은 바로 옷에 담긴 의미입니다. 우리 조상들은 옷 하나를 만드는 데도 도를 지켰다고 하는데, 옷의 명칭 속에 과연 어떤 뜻을 담아 두었는지 알아볼까요?

상일꾼[相一君]: 재상이나 임금이 입는 옷.(지금의 대통령)

무명옷[無名]: 이름을 내지 말고 흔적 없는 생활을 하라는 뜻.

동(同): 한 진리, 한 우주, 한 형제, 한마음으로 살라는 뜻.

중의적삼(中意適三): 중심을 잡고 조화를 이루라는 뜻.

지계(持戒): 양심과 예절과 법과 질서를 잘 지키라는 뜻.

보선(寶善): 평범하고 상식적인 보통 선(善)을 행하라는 뜻.

집신(執信): 집념과 신념으로 살아가라는 뜻.

저고리(低高理): 우리 민족의 근본은 높은 진리로 되어 있다
　　　　는 뜻.

정말 하나같이 버릴 것 없는 의미가 담겼죠?

우리는 가끔 지금 당장 우리 곁에 있는 것만이, 우리가 알고 있는 것만이 최고인 것으로 착각하지만 우리보다 먼저 살다 간 조상님들의 지혜와 섬세함을 안다면 그런 생각을 섣불리 하지 않게 될 거예요.

풍경 속에는 무슨 물고기가 달렸을까?

'성불사 깊은 밤에 그윽한 풍경소리
추승은 잠이 들고 객이 홀로 듣는구나.
저손아 마저 잠들어 혼자 울게 하여라.'

우리 귀에 익숙한 가곡의 노랫말입니다. 그런데 혹시 '풍경'이 무엇인지 알고 있나요? '풍경'이란 절의 처마 밑에 달린 동판으로 된 종인데, 그 속에 달린 물고기가 바람이 불면 흔들려서 맑은 종소리를 내게 되는 것입니다.

바람이 잔잔하게 부는 날, 풍경소리를 들으면 마음이 맑아지고, 잡념이 사라집니다. 이 풍경소리를 들으려고 절을 찾아다니는 사람도 있을 만큼 풍경소리는 사람의 마음 깊은 곳까지 울려 퍼집니다. 그런데 혹시 여러분은 종 속에 달린 물고기가 무엇인지 알고 있나요?

바로 조기라는 물고기입니다. 일본에는 잉어로 되어 있고, 중국에는 숭어로 되어 있습니다.

의외로 이런 사실을 알고 있는 사람이 드문지, 어떤 이는 잉어라고 하고, 또 어떤 사람은 붕어라고도 하는데 모두 잘못 알고 있는 내용입니다.

풍경 속에 달린 물고기를 잘못 알고 있다고 해서 풍경소리가 달라지는 것은 아니지만, 다른 민족과 구분되는 것쯤은 알아둬야 하지 않을까요.

바로 소중한 우리 것 중 하나이니까요.

'희(喜)'자를 사랑한 민족

우리 민족은 한이 많은 민족이라고들 합니다. 그래서 노랫말에
도, 얼굴 표정에도 한이 서려 있다고 합니다. 한이 많다는 것은 바
꾸어 말하면 '착하고 어질다'라고 할 수 있습니다.

사실 우리 민족만큼 외세의 침략을 많이 받고, 몸과 마음을 짓
밟힌 민족도 없을 것입니다. 그러나 우리 민족은 분풀이하지 않고,
용서하고, 큰마음으로 덮어 주었습니다. 또 언제나 즐겁고 기쁘게
살기를 원했습니다.

그 흔적은 쉽게 찾아볼 수 있지요. 베갯잇, 이불보, 한복, 밥상
보, 촛대, 건축물 귀퉁이를 눈여겨보면 '기쁠 희자 두 개'를 쉽게
찾을 수가 있습니다.

이렇게 곳곳에 '기쁠 희 자 두 개'를 새겨 놓은 이유는, 행복하고

기쁨이 가득한 생활을 하고 싶은 욕망에서였습니다.

이 바람은 단지 개인적인 것에서 그치는 것이 아니라, 부부간, 이웃 간, 친구 간, 나아가 민족 간의 기쁨을 바라는 마음이기도 했을 테지요.

많고 많은 문양과 글씨 중에서도 '기쁠 회 자 두 개'를 새겨 넣는 소박한 마음은 언제나 기쁨이 우리 민족과 가까이 할 거라는 믿음이기도 합니다.

얼씨구! 절씨구!

'얼씨구? 절씨구! 얼씨구? 절씨구!……씨구 씨구? 절씨구!'

우리 민족에게는, 신명나는 일이 있으면 어깨를 들썩이며 자기
도 모르게 '얼씨구절씨구'라고 소리치는 버릇이 있습니다. 마치 우
리에게 꼭 맞는, 우리에게 꼭 필요한 듯한 이 소리가 그렇게 정겨
울 수가 없습니다.

그런데 흥겨운 장단 같기도 하고, 함성 같기도 한 이 소리에 궁
금증을 가져본 적이 없나요? 오늘 그 말의 의미를 가르쳐 줄게요.

먼저 '얼시구(얼矢口)'라는 말은 활을 쏠 때 얼을 집어넣는 화살
을 말합니다. 다시 말하면, 표적을 향하여 정조준 된 상태를 의미
하지요.

'절시구(節矢口)'라는 말은 쏜 화살이 과녁(표적)에 딱! 정확하게 맞았다는 말입니다. 즉, 결과가 적중하여 아주 좋다는 말입니다.

또 '얼씨구'란 여자가 절구질을 할 때 절굿공이를 쳐드는 자세를 말하고, '절씨구'란 절구로 절구통을 '쿵' 쳤다는 말입니다.

한번 생각해 보세요. 화살이 과녁에 딱 맞았는데, 절구로 절구통을 쿵 쳤는데 어떻게 '얼씨구절씨구'라는 말이 튀어나오지 않을 수 있겠어요?

남자들이 정확히 과녁에 화살을 꽂듯, 여자들이 절구질을 하듯 흥겹고 즐거운 일이 많았으면 좋겠습니다.

일과 놀이가 하나였을 때

예로부터 우리 조상들은 일과 놀이를 구별하지 않았습니다. 일을 할 때도 마치 놀이를 하듯 흥겨운 가락을 흥얼거리며 일의 노고를 덜었습니다. 또 일을 할 때는 고독하게 혼자 하지도 않았습니다. 지금처럼 내 일, 네 일이라는 구분이 없이, 모두 우리 일로 생각하고 서로 돕고 나누면서 즐겁게 살았지요.

지금처럼 모내기하는 기계가 있었던 것도 아니고, 벼를 베어 주는 기계가 있었던 것도 아닌데 지금보다 훨씬 힘이 덜 들고, 살맛 났던 이유는, 바로 함께 하는 이웃이 가까이 있었기 때문이지요.

그런데 지금은 참 많이 달라졌습니다. 예전에는 고무신도 좌우가 없고, 한복 바지도 앞뒤가 없고, 일과 놀이도 구분이 없었는데 서구의 물질문명이 들어오면서부터 일은 일이요, 놀이는 놀이가 돼버렸습니다.

일과 놀이가 서로 명확해진 것은 어쩌면 우리 민족의 심성이 둘로 갈라졌다는 증거일 수도 있습니다. 형과 아우가 갈라지고, 스승과 제자가 갈라지고, 부모와 자식이 갈라져서 딴 길로 가는 것이 보입니다. 그래서 천륜을 어기는 일들도 곧잘 벌어지는 게 아닐까요?

한겨레, 한 형제인 우리가 남한과 북한으로 갈라져 있는 것이 가장 크고도 슬픈 증거가 아닐까요? 일과 놀이가 하나였듯이 우리도 다시 하나로 뭉칠 수 있는 날을 기다립니다.

돌잡히기

　첫 생일을 '돌'이라고 합니다. 사람이 살면서 여러 번의 생일을 맞지만, 태어나서 처음 맞는 생일은 그 의미가 큽니다. 그래서 첫 생일이면 많은 사람들이 찾아와 축하를 해 주고, 돌반지니 돌옷이니 하여 마음의 선물을 전하기도 합니다.

　이렇게 돌잔치를 하는 날, 주인공은 무척 특별한 선택을 할 기회를 얻습니다. 바로 '돌잡히기'라는 것인데, 돌상에 차려진 쌀, 과일, 떡, 책, 붓, 활, 실, 돈 가운데 아기가 무엇을 제일 먼저 집어 드는가를 보고 아기의 미래를 점쳐 보는 것입니다.

　붓을 잡으면 공부를 잘하게 될 것이라 예측하고,
　돈이나 쌀을 잡으면 부자가 될 것이라 예측하고,

활을 잡으면 무예에 능한 무사가 될 것이라고 예측하고,
실을 잡으면 건강하게 오래 살 것을 예측하지요.

이 '돌잡히기'는 단군시대부터 전래된 풍습입니다. 하시만 돌잡히기
에서 잡은 것이 그 아이의 정확한 미래를 말해주는 것은 아닙니다.

단지 소중한 아이가 자라서 어떤 사람이 될까 궁금한 부모의 성
급한 예측일 뿐입니다. 그렇지만 모르죠. 정말 그 예측이 들어맞을
수도 있잖아요.

어린이 여러분도 지금 당장 책을 덮고 부모님께 가서 여쭤보세요.
"엄마, 난 뭘 잡았어?"라고요.

내 몸에 흐르는 민족의 정기

생활 풍속에 담긴 우리 문화

125가지 ....

전통놀이를 배우자!

요즘 우리가 즐겨 하는 컴퓨터 게임과 전자오락은 사실 우리 고유의 놀이라고 할 수 없지요. 지금도 세계 각국의 어린이들이 우리와 같은 모습으로 컴퓨터 앞이나 혹은 전자기계 앞에서 머리를 쥐어짜고 있을 테니까요.

놀이란 그저 마음을 즐겁게 해주고 재미만 있으면 그만이라고 생각하겠지만 놀이에서 얻고 깨닫는 것이 있다면 더욱 좋겠죠.

앞에서 보았듯이 우리 민족은 옷이나 물건 하나하나에도 소홀함이 없이 의미를 부여하고 배우려고 했습니다. 그러니까 우리의 전통놀이에도 우리가 알지 못하는 의미가 있을 것입니다. 그래서 몇 가지, 조상 대대로 전해 내려온 놀이를 소개할까 합니다.

◆ 그네뛰기

학교 운동장에 있는 놀이기구 중 가장 인기 있는 기구를 고르라면 어떤 것을 고르겠어요? 잘은 모르지만 '그네'가 아닐까 싶네요. 어린이는 물론이고 어른들도 이 그네를 무척 좋아하는 것 같습니다.

다른 나라에도 우리의 그네와 비슷하게 생긴 것이 있긴 하지만, 우리 민족만큼 그네 타기를 좋아하고 또 잘하는 민족도 드물지요.

예전에는 특히 아낙네들이 그네뛰기를 좋아했는데, 바깥출입이 통제됐던 시절이라서 그네를 타고 높이 올라가서 가보지 못한 먼 데를 구경하는 것을 큰 즐거움으로 삼았다고 합니다.

그렇다면 이 그네뛰기는 우리에게 어떤 효과를 가져다줄까요? 먼저 앞으로 나아갈 때 힘을 주고, 뒤로 물러날 때 힘을 빼는 조절능력을 키워 줍니다. 또 담력을 키워주고, 평행감각을 길러주며, 미리 보고 관찰할 수 있는 대관력을 길러줍니다.

평소 겁이 많거나 균형을 잘 잡지 못하는 어린이들은 용기를 갖고 그네 줄을 꽉 잡아 보세요. 내 몸이 둥둥 떠오르는 느낌, 마치 새가 되어 날아오르는 느낌으로 가슴이 벅차오를 거예요.

◆ 공기놀이

공기놀이는 지금부터 약 5,000년 전, 단군시대부터 5개의 조약돌로 오행(五行)과 천부경(天符經)의 원리를 쉽게 가르쳤던 놀이입니다.

①은 1개의 공기를 공중으로 띄운 후 1개씩 하늘의 천일일(天

──)을 가르치고,

②는 한꺼번에 두 개씩 집어서 받는 땅의 지일이(地一二)를
가르치고,

③은 1개를 집고 3개를 집어서 사람의 인일삼(人一三)을 가르
치고,

④는 1개를 띄워 4개를 집어서 동서남북이 사성(四成)을 가르
치고,

⑤는 공기알을 5개 공중으로 띄워서 잡는 개수만큼 계산하는
천부경 공부를 가르쳤습니다.

이 공기놀이에는 수집기, 기둥박기, 알까기, 알 내리기, 솥걸
기, 불 때기 등 8가지가 있는데 침착성, 민첩성, 계산능력, 창의
력, 손가락 능력을 훈련시켜 주는 좋은 놀이입니다.

요즘에는 플라스틱으로 된 공기를 문방구에서 팔기도 하는데,
예전에는 동그랗게 생긴 돌이나, 기왓장을 깎아 사용했습니다.

방 안이나 골목에 앉아 셈을 하며 두 눈을 반짝이게 하는 공기
놀이. 이 공기놀이가 5,000년 전부터 이어져 내려온 놀이라는 것
이 정말 놀랍지요. 그러니까 우리는 지금 5,000살 먹은 공기놀이
를 하며 우리 민족의 얼을 이어받고 있는 셈이잖아요.

◖ 숨바꼭질

'꼭꼭 숨어라 머리카락 보일라.'

이 노래는 숨바꼭질을 할 때 술래의 눈을 피해 숨은 아이에게,
이미 술래에게 들켜버린 친구가 해주는 말입니다. 그런데 요즘은

이런 노래는 물론이고, 술래잡기 하는 어린이도 보기 어렵습니다.

술래잡기는 전 세계 어린이들이 수천 년 동안 해온 놀이입니다. 그런데 요즘 도시 어린이들의 80%가 숨바꼭질과 술래잡기 놀이를 모르거나 해 본 적이 없다고들 합니다.

모두들 방에서 전자오락을 하거나 만화책을 보느라 술래잡기 같이 시시한 놀이는 할 시간이 없다고 하네요.

또 술래잡기를 하려면 낮에 넓은 곳에서 여러 명이 어울려야 하는데 학원에 가고 과외 하느라 그럴 겨를이 없는 것도 사실이겠지요.

아는 것처럼 술래잡기와 숨바꼭질은 자신의 몸을 숨기거나 숨어 있는 물체를 찾는 놀이입니다. 이 놀이는 미지에 대한 탐구력, 창조성, 도전 의지를 길러주는 등 많은 이점이 있는데, 아쉽게도 술래잡기는 도시화된 생활을 하면서 점점 그 모습을 찾기가 어려워졌습니다.

우리의 좋은 놀이가 점점 사라져가고 있습니다. 매일 방안에만 꼭 틀어박혀 있을 게 아니라, 그럴수록 넓은 곳으로 나와 우리의 놀이로 몸을 단련시키세요.

◆ 고누놀이

'고누놀이'란 말을 처음 듣는 어린이가 많을 거예요.

자, 다음 그림을 자세히 보세요. 어쩐지 재미있는 놀이가 숨어 있을 것 같지 않나요?

'고누놀이'는 단군시대부터 우리 조상들이 즐겁게 놀던 '고누'라는 놀이의 일종으로, 지방에 따라 '꼰', '고니', '꼬누', '꼰조'라고 부릅니다.

우리 조상들은 이 '고누놀이'를 통해서 우주와 자연을 배우고, 가르쳤습니다. 즉 '고누놀이'를 통해 하늘과 땅과 사람의 천지인 이치를 다시 한번 깨달았던 것이지요.

국가통치술, 전쟁술, 춤추는 방법, 글자 만드는 방법, 세금 내는 방법, 장사하는 방법도 이 '고누놀이'를 통해서 배울 수 있었다고 합니다.

그런데 지금 우리는 어떤 모습을 하고 있나요? 전자오락에 시력을 빼앗기고, 뇌파를 손상시키고, 전자파를 마구 먹고 있습니다. 우리 조상이 만들어 내고 지켜온 전통놀이에는 위대한 진리와, 깊은 의미가 담겨 있는데도 나 몰라라 하고 말입니다. 잃어버린 민족혼을 되찾는 일 중에는 우리의 전통 놀이 문화를 계승하는 것도 큰 몫을 할 거라고 생각됩니다.

하늘놀이를 하자!

어린이들이 하는 놀이를 가만히 지켜보면 많은 생각을 하게 합니다. 땅따먹기, 자치기, 딱지치기, 구슬치기 등 대부분의 놀이가 이기적인 놀이, 즉 자신의 것을 불려 가고 남의 것을 빼앗는 놀이들이거든요. 하나같이 이기적인 동물본능을 충족시켜 주는 놀이 말예요.

전자오락실에서 하는 놀이를 봐도 그렇습니다. 상대를 발로 차고, 창으로 찌르고, 불을 뿜어 죽이고, 피를 흘리게 하고……

정말 잔인한 장면으로 가득 차 있는데도 이 놀이를 하는 어린이들의 표정은 너무나 태연합니다. 마치 당연하다는 듯한 얼굴이어서 섬뜩하기까지 합니다.

일상적인 놀이가 이렇게 잔인하고 거친데 생각과 행동이 어찌

순하고 평화로울 수가 있겠어요. 지금 지구 곳곳에서 벌어지고 있는 크고 작은 전쟁을 우리 어린이들은 날마다 방안에서 전자오락을 통해서 하고 있으니 참 걱정스럽습니다.

이런 어린이들에게 하늘에서 하는 놀이를 권하고 싶습니다.

연날리기, 모형 비행기 놀이, 스카이다이빙, 고무풍선 날리기……

드넓은 하늘에 내 마음을 날려 보는 기분, 마치 내가 연이 되어 날아가는 듯한 즐거움을 받을 것입니다. 바로 하늘 본능인 양심을 충족시켜 주는 놀이이기 때문입니다.

우리 한민족은 천자 민족으로 지상본능보다는 하늘본능이 강합니다. 이제부터는 푸른 하늘을 향해 꿈을 펼칠 수 있는 하늘놀이를 하면서 우리 한민족의 본능을 실감해 보세요.

제사는 왜 지내는 걸까?

일 년에 한 번, 그리고 명절 때마다 우리는 돌아가신 조상님들에게 제사를 지냅니다. 병풍을 치고 사진을 내다 걸고 갖가지 음식을 정성들여 마련한 다음, 일정의 규칙에 따라 상을 차립니다. 그리고 공손하게 절을 올립니다.

어린이 여러분들도 아빠 옆에 서서 제사를 지내 본 적이 있을 겁니다. 그런데 이 제사는 왜 지내는 것일까요? 남들이 다 지내기 때문에? 아니면 제사를 지내지 않으면 큰 벌을 받을까 봐서?

아니지요. 제사란 돌아가신 분들에 대한 감사의 인사입니다. 그분들은 돌아가셨지만 그분들의 은혜를 잊지 않고 늘 참다운 인간으로 살겠다는 것을 다짐하는 것이지요. 또 우리의 뿌리에 대해서 잊지 않겠다는 의지이기도 하구요.

하지만, 제사상에 떡과 돼지머리를 올리고 절을 하는 것만이 제사의 전부는 아닙니다. 돌아가신 분의 묘지를 호화찬란하게 꾸미고 제물을 많이 올리는 것도 최고는 아닙니다.

비록 제상은 초라하더라도 정성을 디하여 준비하고 참사람이 될 것을 다짐하면서, 간절히 바라는 마음이 있으면 그것으로 족합니다.

살아 계신 웃어른께 마음을 다하여 효도를 하는 것과, 돌아가신 분들의 제사를 정성스럽게 지내 주는 것은 다르지 않다는 것을 꼭 기억하기 바랍니다.

산신제는 왜 지낼까?

'산신제'라는 말을 들어보긴 했지만 그 광경을 직접 본 사람은 드물 것입니다. 어쩌면 우리 어린이들 중에는 산신제란 일종의 미신이며, 구시대적인 행동이라고 말하는 사람도 있을 것입니다.

그러나 모든 만물에 신이 깃들어 있다고 생각한 우리 민족에게는 무척 중요하고, 반드시 지켜야 할 의무사항 중 하나였습니다. 우리 조상들은 예부터 백두산, 묘향산, 지리산, 한라산 등 높은 산에서 산신제를 꼭꼭 지내왔습니다.

본래 우리 민족은 한 조상을 모시고 수천 년을 살아온 민족인데, 세월이 점점 흐를수록 각지로 흩어져 살게 되었고 만날 기회도 드물었습니다. 그래서 생각해낸 것이 바로 산신제이지요.

산신제는 이렇게 흩어져 살던 형제들이 모여 삼신 조상에게 절을 올리고, 춤을 추고, 음식을 나누어 먹으면서 정보도 교환하고 그리운 얼굴도 볼 수 있는 기회로 삼았던 것이지요.

또 산에 오르면 자연성 기(氣)가 몸속에 들어가 정신이 맑아지고 몸속에 쌓여 있던 노폐물이 땀으로 배설되어 건강에도 좋기 때문에 계승해 온 것입니다.

자, 아직도 산신제를 미신이나 비과학적인 행위라고 생각하나요?

잡귀 쫓는 지신밟기

'지신밟기'가 무엇인지 아세요?

'지신밟기'란 정월 대보름날 농촌에서 주로 하는 민속놀이로서, 마을 사람들이 꽹과리, 북, 징 등을 치면서 마당, 우물, 안방, 광, 장독, 헛간, 부엌, 변소 등에 숨어 있는 '잡귀'를 쫓아내는 놀이이지요. '지신밟기'를 하면, 집 구석구석에 있던 잡귀들이 농악소리에 놀라 혼비백산해서 도망친다고 하네요.

'지신밟기'를 하면 일 년 내내 집안이 화평하고 나쁜 일이 일어나지 않는다고 합니다.

이렇게 농악대가 몰려다니면서 잡귀를 쫓아내 주면 집주인은 푸짐한 음식을 내놓고 고마운 마음을 표시합니다.

하지만 요즘에는 이런 놀이를 보기가 힘이 들지요. 그렇다고

지신밟기를 하지 않아도 될 만큼 우리에게 '잡귀'가 없다는 말일
까요?

외제 가구, 외제 자동차, 밍크코트, 고급 양주……

이런 것들이 다 '잡귀'가 아니고 무엇인가요? 만약 지신밟기를
한다면 그 잡귀들은 놀라서 물건을 감추느라 난리가 나겠지요.

지신밟기를 하여 잡귀를 쫓아냈던 우리 조상. 정말 지신밟기가
필요한 때는 바로 요즘이 아닐까요?

'무당'이란 말의 진짜 뜻

'무당'이라고 하면 어떤 모습이 떠오르나요? 도깨비라도 나올 듯한 색색의 옷차림에 신들린 듯한 춤을 추는 사람이 떠오른다고요?

그럴 수도 있겠지요. 하지만 놀라운 이야기가 있답니다. 우리가 알고 있는 무당과 진짜 무당은 많이 다르답니다.

무당(巫壇)의 무란 천문, 지리, 사람의 도리에 통달한 남자와 여자를 말합니다. 당은 당골, 단골, 단군을 말할 때의 단(壇)을 상징합니다. 이렇게 '무'와 '당'을 합치면 '무당'이 되는데 그 뜻도 합치면 천문과 지리와 사람의 도리가 무엇인지 잘 아는, 경험 많고 박식한 남자와 여자가 됩니다.

우리 조상이신 환인, 환웅, 환건님은 모두 도(道)를 깨우친 무당이며, 중국의 황제도 무당이며, 일본의 천황도 무당 출신입니다.

이처럼 하늘과 땅과 사람의 이치를 바로 깨달은 사람(무당)이 아
니면 지도자가 될 수도 없었습니다.

우리 조상이신 환인, 환웅, 환건님과 중국의 황제와 일본의 천
황이 무당이었다고 지금의 무당을 연상해서는 안 됩니다.

지금 우리가 생각하는 무당은 그분들의 흉내를 내는 것뿐이지
결코 진짜 무당이라고 할 수는 없으니까요.

신라, 화랑의 후손답게

신라를 가장 신라답게 한 이.

한국을 가장 한국답게 한 이,

여러분은 이런 수식어 뒤에 무엇을 말하고 싶나요? 바로 '화랑'
이 아닐까요?

화랑은 큰 나무 아래 삼신상을 만들어 놓고 한얼님께 제사를 지
냈지요. 충성, 효도, 신의, 용기, 사람의 도리 등 화랑오계를 지켰
으며, 책읽기, 활쏘기, 말타기, 예절, 가락, 권박 등 여섯 가지 예
술을 연마하여 삼국통일의 원동력이 되었습니다.

또 화랑도가 길러낸 수많은 충신과 명장들은 삼국통일의 주인공
이라고 해도 좋을 것입니다.

우리 몸에는 이러한 신라 화랑의 기상이 흐르고 있습니다. 그런

데 지금의 우리 모습은 어떤가요? 너무 나약하고, 용맹스럽지 못합니다. 어쩌면 우리의 목을 죄어 오는 입시와 학교와 학원과 과외가 이토록 유약하게 만들었는지도 모릅니다.

지금 우리는 신라의 화랑처럼 대지를 달리고 말을 타고 활을 쏠 수는 없습니다. 그렇지만 화랑의 기상과 호연지기 정신은 길이길이 지켜가야 하지 않을까요?

내 마음속에 있는 나쁜 마음들을 모두 버리고 호연지기를 길러 신라 화랑의 후손답게 건강하고 늠름한 주인공들이 많아지기를 바랍니다.

신라인 기마상의 재치

신라인 기마상은 참 이상하게 생겼어요. 말 엉덩이에 깔때기 모양의 그릇이 있고, 말 앞과 뒤에는 총구멍 같은 것이 있거든요.

이 이상한 모양이 아무런 의미도 없이 만들어졌을까요? 아니랍니다. 알고 보면 정말 신비로운 논리가 숨어 있답니다.

위에 있는 깔때기 모양의 그릇은 우주의 기운을 받아들이는 것이며, 앞뒤에 튀어나온 총구멍 같은 것은 말 그대로 앞뒤의 기운을 받아들이고 내뿜는 형식을 딴 것입니다. 마치 하늘의 기운을 담은 '하늘 말'처럼요.

이렇게 생각해보면 아주 오랜 옛날부터 우리 조상들은 이미 과학의 논리를 알고 있지 않았나 생각해보게 됩니다.

작은 것에도 민족의 혼과 지혜를 담았던 조상들이 존경스럽기만 합니다.

고려자기의 비밀

우리가 최고로 값진 보물이라 여기는 고려자기를 누가 만들었는지 혹시 알고 있나요?

고려지기에 대해시는 많은 이야기를 듣고 사진도 보았지만 정작 누가 만들었는지를 아는 사람은 없을 거예요.

놀라지 마세요! 고려자기를 만든 도공의 이름은 아무도 모른답니다. 왜냐하면 고려자기를 만든 도공의 혼과 얼이 고려자기에 스며들었기 때문이에요. 다시 말하면 고려자기를 만드는 도공이 어찌나 혼신의 노력을 기울였는지 자신의 이름까지 고려자기 속에 녹여버린 것이지요.

그렇다면 한번 생각해 볼까요? 현대인들은 자신의 이름을 얼마나 내세우기 좋아하는지를 말예요.

명예욕, 출세욕, 과시욕 때문에 지금 우리나라는 너무나 혼란스럽지 않나요?

가끔 자신의 이름을 밝히지 않고 숨어서 좋은 일을 하는 사람을 보면 존경스러운 마음까지 생깁니다. 그런데 지금 우리는 너무나 자신의 이름을 중요하게 생각하며 아주 조그마한 선행에도 누가 나를 알아주기를 바라고 있습니다.

그러나 고려자기는 나를 초월해 버렸기에, 나를 버린 그곳에서 초능력을 발휘하게 되었습니다. 어쩌면 고려자기를 만든 도공은 자신의 이름은 하늘만이 알 수 있도록 하고, 하늘의 허공 속에 이름과 공적을 숨겨 두고 하나님과 그 기쁨을 음미하고 있는지도 모릅니다.

내 마음은 선비일까? 아닐까?

갓을 쓰고 수염을 기르고 깨끗한 의복을 입고 걸음걸이가 반듯하고 말씨가 점잖고 격식을 갖춘 사람을 우리는 선비라고 부릅니다.

그렇지만 우리가 흔히 알고 있는 이런 조건들 외에도 많은 것들이 갖추어져야만 진정한 선비라고 부를 수 있습니다.

그렇다면 진짜 선비는 어떤 사람일까요?

우선, 학식이 있어도 과분한 자리를 사양할 줄 아는 사람.

이익보다는 충, 효의 가치를 추구하는 사람.

신의를 중시하며 부정, 부패, 탐욕을 멀리하는 사람.

맡은 바 일에 모든 정성을 다 기울이며, 최선을 다하는 사람.

자연을 사랑하고 남을 도울 줄 아는 진실한 사람.

의료, 천문, 생활물질을 개발할 줄 알고 자기 직업을 소중하
게 여기는 사람.

이러한 사람이 바로 진짜 선비입니다.

그런데 요즘은 어떻습니까? 과연 선비가 있는 시대인지 궁금해
질 때가 있습니다. 소위 높은 자리에 있다는 사람들도 어린이가
보기에 부끄럽게 돈을 빼돌리고, 정치판에서 난동을 부리고……

지금 우리는 겉으로 보기에 남들과 비슷한 옷을 입고, 비슷한
머리 스타일을 하고 있습니다. 그중에는 값비싼 옷을 입고 좋은
차를 타고 점잖은 표정을 짓는 사람도 있지만, 그것만으로 그 사
람을 선비라고 부르지는 않습니다. 겉모습은 마음의 그릇일 뿐입
니다. 그 속에 무엇이 담겨 있는지가 더 중요합니다.

곰곰이 한번 생각해 보세요. 나의 마음속에는 과연 선비의 기질
이 흐르고 있는지 그렇지 않은지를……

어느 날, 황희 정승이 깨달은 것

재미난 이야기 하나 들려줄게요.

어느 날이었어요. 황희 정승이 경기도 파주 적성에서 개성으로 가는 길에 누렁소와 검은 소 두 마리를 끌고 쟁기질하는 한 노인을 만났습니다.

황희 정승은 두 마리의 소가 일하는 모습을 물끄러미 바라보다가 문득 어느 소가 더 일을 잘 하는지 궁금해졌습니다. 그래서 노인에게 다가가 큰 소리로 물었습니다.

"노인장, 누렁소와 검은 소 중에 어느 소가 더 일을 잘 하오?"

그러자 일을 하고 있던 노인이 소를 세워 두고는 황희 정승 앞으로 걸어와서 귀에 대고 속삭였습니다.

"누렁소가 좀 낫고, 검은 소가 좀 못하오."

"아니, 그 말이 뭐 그리 중요하다고 이렇게 귓속말까지 하는 거요?"

황희 정승이 이상하게 생각하고 물었습니다. 그랬더니 노인은 이렇게 대답했습니다.

"비록 소가 짐승이기는 하지만 귀가 있으니 사람의 말이 좋고 나쁜 것을 다 알아 듣지 않겠소? 혹시 검은 소가 내 이야기를 듣는다면 어찌 기분 나쁘지 않겠소."

"······"

황희 정승은 노인에게 더 이상 할 말이 없었습니다. 노인의 깊은 뜻을 알자 부끄럽기까지 했습니다.

그 후, 황희 정승은 그 노인의 말에서 교훈을 얻어, 평생 나쁜 말을 하지 않았으며, 설사 자신이 나쁜 말을 들었을지언정 남에게 화를 내지 않고 자신을 수양하는 계기로 삼았습니다.

이 이야기를 듣고 가만히 생각해 봅시다. 지금 우리는 너무 많은 말을 하고, 말로써 상대방을 다치게 하고 있지는 않는지 말예요.

재상이 할 일, 필부가 할 일

어느 추운 겨울날이었습니다. 어떤 재상이 개울을 막 건너려고 하는데 옆에서 신분이 낮아 보이는 한 노인이 망설이고 있는 게 보였습니다. 그 노인은 추운 겨울이라 개울을 건너기가 망설여졌던 것입니다.

이 모습을 본 재상은 자신의 신발을 벗고 그 노인을 업었습니다. 그리고 조심스럽게 개울을 건넜습니다.

재상은 자신이 한 일을 무척 자랑스럽게 여겼습니다. 그런데 재상 덕분에 개울을 잘 건넌 노인이 대뜸 이렇게 말하는 것이었습니다.

"당신은 재상감은 못 되고 그래, 시골 원님감은 되겠소."

이 말을 들은 재상은 조금 화가 났습니다. 노인을 업어서 개울을 건너게 해 주었는데 시골 원님감밖에 못 된다니 자존심이 무척 상했던 것이지요.

"무슨 소리요, 내가 노인장을 업어서 건너 주지 않았소?"

그러자 노인이 말했습니다.

"재상이라면 이런 일이 생기기 전에 미리 다리를 놓아 줄 일이지. 일이 생겼을 때 업어 주는 것은 순간을 넘기고나 보자는 의미이지 않소. 그것은 보통의 사람들도 충분히 할 수 있는 일이오."

이 이야기를 들은 재상은 크게 깨우쳐 자신의 행실과 백성들을 위하는 일에 대해 다시 한번 생각하게 되었다고 합니다. 이 다음에 큰사람이 되고 싶은 어린이 여러분! 내가 지금 하는 일이 재상이 할 일인지, 보통의 사람들도 충분히 할 수 있는 일인지 생각해 봅시다.

황희 정승의 이상한 대답

우리가 잘 아는 황희 정승은 천하를 달통한 대도인(大道人)이라고 합니다. 그를 대도인이라고 부를 만한 이야기 하나를 들려줄게요.

어느 날 황희 정승 집에서 며느리와 딸이 사소한 일로 말다툼을 하고 있었습니다. 그런데 아무리 해도 옳고 그름이 정해지지 않자 황희 정승에게 올바른 판결을 내려 달라고 부탁했습니다.

"좋다, 그럼 얘기해 보거라."

황희 정승은 며느리와 딸의 이야기에 귀를 기울였습니다.

"아버님, 소가 문구멍으로 들어갈 수 있죠?"

며느리가 물었습니다. 이 말을 들은 황희 정승은 며느리의 말이 그럴 듯해서 대답했습니다.

"네 말이 옳다."

"아버지, 문구멍으로 소가 들어갈 수 없지요?"

이번에는 딸이 물었습니다.

"네 말도 옳다."

황희 정승은 딸의 말도 옳다고 했습니다. 이 말을 가만히 듣고 있던 부인이 황희 정승의 태도에 불만을 가지고 따졌습니다.

"아니, 당신은 둘 다 옳다시면 어쩌자는 거예요. 옳고 그름이 분명해야지요."

그러자 황희 정승은 또 이렇게 말하는 것이었습니다.

"당신 말도 옳소."

황희 정승의 말에 며느리도 딸도 시어머니도 그만 할 말을 잃었습니다.

어떻게 생각하면 황희 정승의 태도가 불분명한 것 같지만 이 말에는 그만한 뜻이 숨어 있답니다.

소가 문구멍으로 들어가는 이유는 우주 본질을 말합니다. 형이상학적인 공(空)의 관점을 말하는 것입니다.

소가 문구멍으로 들어가지 못하는 이유는 우주 현상을 말합니다. 형이하학적인 색(色)의 관점을 말하는 것입니다.

소가 문구멍으로 들어가기도 하고, 못 들어가기도 하는 이유는 기(氣)의 관점, 공즉색(空卽色)을 말하는 것입니다.

그러므로 며느리와 딸과 시어머니의 주장 모두 옳았던 것이지요. 하지만 이것을 알 턱이 없는 며느리와 딸은 자기주장만 내세웠고, 부인은 남편인 황희 정승의 태도를 못마땅하게 생각했던 것입니다.

이처럼 하나의 상황을 두고 어느 한쪽으로 치우치지 않고 다양한 각도에서 판단하고 생각했던 황희 정승, 이만하면 천하를 달통한 대도인이라고 부를 만하지요?

조선 8도에 서린 뜻

지금은 허리가 잘린 채 휴전선이 놓여 있는 우리나라. 우리 조
상님들이 지하에서 땅을 치고 통곡할 노릇인데도 38선은 아직도
걷히지 않고 있습니다.

그러나 우리 땅덩어리, 민족이 하나였을 때 우리 조상은 우리
국토를 모두 소중히 여겨 '8도'로 나누고, 각 도마다 덕이 있는 곳
으로 만들려고 했답니다. 함경도, 평안도, 황해도, 강원도, 경기도,
충청도, 전라도, 경상도. 이렇게 만든 '8도' 속에는 각각의 의미가
담겨져 있습니다.

함경도(咸鏡道)는 함흥(咸興)과 경원(鏡源)을 합한 말로, 모두
다 거울처럼 맑은 도를 이루라는 뜻입니다.

평안도(平安道)는 평양(平壤)과 안주(安州)를 합한 말로, 평
등하고 편안하게 도를 행하라는 뜻입니다.

황해도(黃海道)는 황주(黃州)와 해주(海州)를 합한 말로, 중
앙 바다처럼 넓은 도를 행하라는 뜻입니다.

경기도(京畿道)는 서울과 서울 근교를 가리키는 말로, 서울
중심의 높은 도를 행하라는 뜻입니다.

강원도(江原道)는 강릉(江凌)과 원주(原州)를 합한 말로, 강
처럼 푸른 근본의 도를 행하라는 뜻입니다.

충청도(忠淸道)는 충주(忠州)와 청주(淸州)를 합한 말로, 중
심이 있는 청정한 도를 행하라는 뜻입니다.

경상도(慶尙道)는 경주(慶州)와 상주(尙州)를 합한 말로, 언
제나 경사스런 도로써 행하라는 뜻입니다.

선라도(全羅道)는 전수(全州)와 나수(羅州)를 합한 말로, 완전
무결한 도로써 전 세계에 펼치라는 뜻입니다.

이제 알았죠? 우리 조상들이 얼마나 도(道)를 중요하게 여긴 분
들이었는지를 말예요. 그리고 조선 8도 어느 한곳도 조상의 숨결
이 배지 않은 곳이 없답니다. 지금은 갈 수 없는 곳도 있지만 조
선 8도, 모두 하나같이 소중한 우리 땅입니다.

나의 조상은 몇 분?

내 몸이 이 세상에 태어나기까지 나와 관계된 조상은 몇이나 될까요? 이 질문에 우리는 쉽게 이런 생각을 하게 되지요.

'나를 이 세상에 태어나게 한 사람은 부모님이니까 두 분이지.'

그런데 아니랍니다. 다음 설명을 잘 들어 보세요.

나는 아버지와 어머니, 이렇게 2명과 관계가 있습니다. 하지만 아버지가 계시려면 두 분의 조상(할머니, 할아버지)이 계셔야 하고, 어머니가 계시려면 또 두 분의 조상(외할머니, 할아버지)이 계셔야 합니다.

이런 식으로 계산을 해보면 몇 명의 조상이 나와 관계될까요? 1세대를 30년으로 친다면 600년 전 나의 조상은 무려 100만여 분이 되며, 그 이상은 계산기의 힘으로는 불가능합니다.

이처럼 '나'를 만들어 내기 위하여 이렇게 많은 조상님들이 나와 관계되었다는 것을 안다면, 조상님들에 대해서 쉽게 생각하거나 나 자신을 가볍게 여기지는 않을 것입니다.

또, 우리는 지금 각기 다른 성씨를 갖고 있지만 기슬러 올라가 보면 모두가 한 가족, 한 형제였다는 것을 알 수 있습니다. 나를 이 세상에 태어나게 해준 분들에 대한 고마움을 갖고, 나 자신을 사랑하는 마음도 가져보세요. 내가 소중하고 귀한 대접을 받으려면 내가 먼저 나를 사랑하는 법부터 배워야 합니다.

'사나이'란 무슨 뜻일까?

"사나이 대장부가 그만한 일로 뭘 그래."

"진짜 사나이는 그러지 않는 거야, 알았어?"

종종 이런 말 속에서 '사나이'라는 말을 듣게 됩니다. 그러나 '사나이'라는 말은 위와 같은 특별한 경우에나 쓰는 말이지 평상시에 누구를 부를 때 쓰는 말은 아니지요.

그런데 이 말을 지금도 사용하고 있는 곳이 있답니다. 그곳은 우리 조상의 숨결이 아직 남아 있는 시골인데 '사나이'라는 말뿐만 아니라 '선일꾼', '선량', '낭군'이라는 낯선 말들도 자연스럽게 쓰고 있답니다.

만약 어린이 여러분이 그 말을 듣는다면 마치 낯선 외래어라도 듣는 것처럼 어안이 벙벙하겠죠? 하지만 어디까지나 지금은 자주 사용하지 않는 소중한 우리말이랍니다.

지금부터 하나하나 살펴볼까요.

사나이란 산 아이(山＋人＝仙)란 뜻으로 산에 있는 사람을
말합니다.

선일꾼이란 선일군(仙一君)이란 뜻으로 선공부(仙空夫)를 하
는 사람을 말합니다.

상일꾼이란 상일군(上一君)이란 뜻으로 지도자를 말합니다.

선랑이란 선랑(仙郞)이란 뜻으로 신선공부를 하는 낭도를 말
합니다.

신랑이란 신랑(新郞)이란 뜻으로 새로운 낭군을 말합니다.

랑군이란 랑군(郞君)이란 뜻으로 선(仙)을 닦는 사람을 말합니다.

이처럼 우리 말뜻을 알면 우리 민족 남성들이 모두가 신선이며
화랑이며, 선공부를 한 사람이며, 자연인이라는 사실을 알 수 있습
니다.

남자 어린이 여러분! 이제부터라도 진짜 사나이다운 모습을 모
든 사람들에게 보여 주는 게 어때요?

통일을 위한 작은 일

우리는 '통일'을 무척 기다립니다. 그러나 정작 통일을 하기 위한 노력은 조금도 하지 않습니다. 마치 크리스마스에 산타클로스가 선물을 주듯 가만히 있으면 누군가가 이루어 줄 것처럼 생각합니다.

'우리는 아직 어린데 뭘.'

'총칼을 든 군인도 아닌데 우리가 무슨 힘이 있어.'

대부분의 사람들은 이렇게 말합니다. 그렇다면 정말 통일을 위한 일은 어마어마하고 큰 것들일까요?

아니랍니다. 통일은 우리가 하는, 사소하지만 꼭 필요한 일들이 씨앗이 되어 이루어지는 것입니다.

가령, 담배꽁초를 줍는다든지, 쓰레기를 줍는다든지, 신문지를 모으고, 유리 조각을 남이 밟기 전에 치우고, 많은 사람들이 있는 곳에서 큰 소리로 이야기하지 않고, 주먹질을 하지 않고, 교통질서를 지키고, 건강을 위하여 운동을 하는 일도 통일을 위한 작은 씨앗을 만드는 일이 됩니다.

주변을 돌아보세요. 그리고 통일을 이루기 위해 내가 할 수 있는 일로는 무엇이 있나 찾아보세요. 생각보다 쉽고 간단하고, 또 의외로 많다는 것을 깨닫게 될 것입니다.

태극기에 담긴 통일 원리

국기는 그 나라를 상징하는 기입니다. 그래서 한 나라의 국기 속에는 각 나라를 상징하는 많은 의미와 희망이 담겨 있습니다.

우리나라의 국기가 '태극기'라는 것을 모르는 어린이는 아마 없겠죠. 우리의 태극기에도 소중한 의미가 담겨 있습니다. 그런데 그 중에는 우리가 잘 알지 못하는 색다른 의미도 있다고 하네요. 그 숨은 뜻을 알아볼까요.

우선 태극기 속에 숨은 '통일'의 원리입니다.

또 태극기 속에는 '하나님'의 절대성 원칙이 담겨 있는데, 바로 공(空)의 모습으로 숨어 있지요.

태극기 속에는 '남북(南北)'의 양면성 체제가 있는데, 그 모습을 음양(陰陽)으로 나타냈습니다.

또 조화(調和)의 남북 양면을 조절하는 논리가 있는데, 그 모습을 사상(四象)으로 나타냈습니다.

이와 같이 우리가 무심코 바라보았던 태극기 속에는 이 나라, 이 민족을 통일시킬 의지와, 행동, 실천 논리가 숨어 있습니다. 바로 우리 민족의 마음이자, 우주 자연의 모습이지요.

우리의 태극기가 품고 있는 이 통일 원리를 바탕으로 하루빨리 평화로운 통일이 이루어지길 바라는 마음 간절합니다.

한민족의 우수성

한민족은 여느 민족보다도 훨씬 우수한 민족이라는 사실을 알고 있나요? 서양인에 비해 체구는 작지만, 우리 민족은 결코 나약한 민족은 아니지요. 올림픽에서 몸집이 큰 외국 사람과 당당하게 겨뤄 우승을 하는 선수를 봐도 알 수 있지요.

또 우수한 두뇌로 세계 사람들이 부러워할 만한 공적을 세우는 사람들을 보더라도 알 수 있습니다. 동양에서 최초, 혹은 세계 최초라는 수식어가 붙은 발명품이 우리나라에 수없이 많은 것을 보아도 알 수 있고요.

그렇다면 구체적으로 우리 민족은 타 민족에 비해 어떤 능력이 탁월하게 좋은지 알아볼까요.

◆ 청각능력

우리 민족이 특히 청각능력이 좋은 것은 만물만상의 소리변화가 다양하기 때문입니다. 철새, 산새, 짐승, 벌레 소리, 밀물과 썰물, 바람과 파도, 지구회전의 소리 없는 소리가 한빈도에 사는 우리에게 청각능력을 개발시켜 왔던 것이지요.

특히 인체의 상하좌우 기능을 조절해 주는 귀의 반달고리능력이 가장 잘 발달되어 수직, 수평 감각이 다른 민족에 비해 월등히 우수합니다.

실제로 각국의 사람들과 고음, 저음을 듣는 능력, 수직, 수평의 균형을 잡는 능력을 시험해 보았는데 우리 민족이 월등히 뛰어나더라는 보고가 있습니다.

이만하면 세계적인 소리학자, 음성, 언어, 음악 분야의 대가들이 앞으로 우리나라에서 쏟아져 나올 것을 기대해도 되겠죠?

◆ 미각능력

한민족의 미각능력은 귀신이 탄복할 만큼 우수합니다. 그 이유는 한반도에는 농산물, 수산물, 육류, 채소류, 한약류 등 다양한 먹을거리가 골고루 생산되기 때문입니다. 또 물이 맑고 공기가 깨끗하여 미각신경이 순수한 상태에 있기 때문에 미각능력이 예민하고 뛰어날 수밖에 없습니다.

또 우리 한민족의 미각신경은 단맛, 짠맛, 신맛, 쓴맛을 볼 수 있는 기능이 우수하여, 세계 어느 나라 음식도 거부감 없이 먹을 수 있습니다. 육식, 채식, 자연식, 생식, 가공 음식을 가리지 않고 먹을 수 있는 것도 모두 전천후 미각능력을 갖췄기 때문입니다.

이처럼 우수한 미각신경을 가진 민족임을 인식하여 앞으로 좋은 음식, 세계적인 음식을 개발하여 인류에게 봉사할 수 있어야 할 것입니다.

아참! 여러분은 우리 김치의 우수성에 대해서 들어 본 적이 있나요?

김치는 이제 우리 한민족만 먹는 음식이 아니라 세계에서 각광받는 최고급 음식이 되었습니다. 안타까운 것은 일본이 우리 김치를 먼저 연구 개발하여 수출 상품화하였다는 것입니다.

김치의 주인공은 바로 우리 한민족입니다. 탁월한 미각능력을 가진 민족답게 앞으로는 우리의 위대한 것을 다른 나라에 눈뜨고 빼앗기는 일은 없기를 바라며, 하늘이 주신 능력을 잘 발휘하여 한민족의 저력을 세계로 떨칠 수 있어야 하겠습니다.

◈ 정신집중력

집중력은 한 방면으로 깊이 뚫고 들어가는 초능력과 밀접한 관계가 있지요. 우리가 공부를 할 때도 이 집중력이 부족하면 공부를 잘할 수가 없습니다.

잠시 이야기의 흐름을 바꾸자면, 우리 조상인 치우천황이 중국의 황제 헌헌과의 마지막 싸움에서 패한 적이 있었습니다. 결국 하나님의 정법통을 중원 땅에 펴지 못하고 천추의 한을 머금은 채 몽고, 티벳, 월남, 대만, 일본으로 분산하였는데, 주 세력인 한민족은 한반도에 은둔하게 되었습니다. 이렇게 하여 우리 한민족은

960여 회의 외침을 받으면서, 한 많은 시대를 살아온 것입니다.

이 마음 깊은 곳에 박혀 있는 한이 집중력을 통하여 나타나는데 궁도와 사격에서 그 능력을 알 수가 있습니다.

특히 한민족의 영혼은 다른 민족에 비해 혼백이 가벼워 대기권을 뚫고 은하계 북극성까지 올라갈 수 있는 초능력, 초염파를 가지고 있다고 합니다.

이 믿을 수 없는 능력의 주인공이 바로 우리 한민족입니다. 놀랍지 않나요?

◆ 평화를 사랑하는 능력

한국과 일본과 미국의 투쟁능력을 측정한다면, 미국: 100점, 일본: 75점, 한국: 50점이라는 결과가 나올 것입니다. 왜냐하면, 이 수치는 물질을 다스리는 분석력, 수리능력, 과학적 사고, 투쟁력, 정복력, 무기와 포탄을 만드는 능력을 기준으로 삼았기 때문입니다.

그러나 생명을 소중하게 여기고 평화를 사랑하는 평화능력을 측정한다면, 미국: 50점, 일본: 75점, 한국: 300점이 나올 것입니다. 왜냐하면 한국의 역사는 타 민족에 비해 2,000년 앞서 있고, 그 오랜 역사를 거치는 동안 한번도 순수자연성을 버리지 않고, 타 민족을 침범하지 않고 살아온 민족이니까요.

한 나라의 힘을 경제적 수준으로 따질 것이 아니라, 평화를 사랑하고 남의 나라를 침략하지 않았던 민족성과 순수성으로 측정해야 하지 않을까요?

◆ 계산력, 기억력

계산능력은 과연 어느 민족이 가장 우수할까요? 대개 유태인과 게르만 민족의 계산력이 우수하다고 하지만 그보다 더 우수한 능력을 가진 민족이 있습니다. 바로 우리 한민족입니다.

우리 조상들은 이미 5,000년 전부터 천부경(天符經) 공부를 하여 수리학과 계산능력이 탁월하였고, 모든 행성과 은하계의 거리까지도 수학적인 이치로 알아냈던 민족입니다.

실제로, 외국인과 결혼한 한국인과, 외국으로 나간 한국인들의 잠재역량이 우성으로 나타난다고 합니다.

우리는 저력이 있는 민족입니다. 자긍심과 용기를 갖고 우리의 능력을 맘껏 펼쳐야 합니다.

◆ 불가시권 투시능력

한민족에게는 타 민족이 가지지 못한 불가시권 투시능력이 있습니다. 쉬운 말로 어떠한 물질만 보고도 그 이면에 숨어있는 성질, 심리까지도 알아내는 능력을 말하지요.

예를 들어, 여름을 나면 그해 겨울의 날씨가 어떠할 것인지를 알고, 어떤 형태를 보면 그 속에 숨은 성질을 꿰뚫어보고, 과거를 보면 미래를 알아 낼 수 있는 능력을 들 수 있습니다.

이 능력은 컴퓨터로 계산할 필요 없이 직관으로 알아내며, 눈으로 볼 수 없는 아주 작은 소립자로부터 극대의 우주까지 알아낼 수가 있지요.

학계에서는 이 능력을 두고 사시사철의 달의 변화, 태음력과 음양오행설의 영향인 것 같다고 발표했습니다. 우리 민족에게 이런 초능력이 잠재된 것은 태양을 가까이 하고 자연의 섭리에 순종하면서 살아왔기 때문이지요.

이와 같이 천부적인 직관능력을 잘 발휘한다면 가장 과학적인 민족으로 거듭날 수 있습니다. 그냥 덮어두기엔 너무나 아까운 능력이라고 생각하지 않나요?

◆ 등허리심 능력

올림픽에 나간 우리 선수들이 유달리 레슬링과 유도에서 금메달을 많이 따는 이유는 무엇일까요? 바로 우리 민족이 타 민족에 비해 허리심이 강하기 때문이지요.

특히 한민족의 등허리는 지게지기, 어린이 업기, 좌선하기, 바닥에 앉아 있기 등으로 단련되어 왔습니다.

등허리심이 강하면 디스크가 강하고 니스크가 강하면 정신과 육체의 균형을 잡아 주며, 오장육부의 기능을 발달시켜 소화기능을 강하게 해 줍니다.

지금 우리나라의 지도를 보면 허리가 댕강 잘려 있는 것을 볼 수 있습니다. 나라의 형체가 이렇게 허리가 끊겨 있으니 우리 민족이 힘을 못 쓰고 있는 것은 아닐까요?

하루빨리 끊긴 허리가 붙고 그 힘으로 불끈 일어설 수 있었으면 좋겠습니다.

◆ 민첩성

우리가 자주 하는 말 가운데 '빨리빨리', '싸게싸게', '냉큼냉큼', '어서어서', '후딱후딱'이라는 말이 있습니다.

이 말은 성미가 급한 우리 민족의 습성을 나타내는 말이지요. 그러나 이 말의 이면에는 모든 일을 민첩하고 정확하게 하라는 의미가 숨어 있기도 합니다. 하지만 매사에 무턱대고 서두를 필요는 없겠지요. 그러다간 일을 그르치기 십상이니까요.

우리 주변에는 이와 반대로 최대한 민첩하고 빠른 것을 원하는 분야가 있습니다. 특히 전투기 조종사는 뛰어난 자율신경 능력으로 빠르면서 정확하지 않으면 안 됩니다. 그렇다면 우리나라 조종사들은 그 분야에 얼마나 뛰어난 능력을 갖고 있을까요?

한번은 서양의 조종사들과 우리 조종사들 간에 자율신경능력을 측정해 보는 시험이 있었습니다. 그런데 그 결과가 무척 의외였습니다.

서양의 조종사들이 자극을 받고 지각, 판단, 조작, 작동을 하는 데까지 5.4초가 걸린 반면, 우리 조종사들은 4.5초밖에 걸리지 않았다고 합니다. 이후, 서양의 조종사들은 우리 한국 조종사들을 최고의 조종사로 꼽았다고 합니다.

어느 분야에서든 최고가 될 수 있는 능력을 가진 민족이 바로 우리 한민족임을 다시 한번 느끼게 됩니다.

백제 유민의 한

지도를 펴 보세요. 그리고 일본이란 나라를 한번 찾아보세요. 참 가까이 있는 이웃 나라지요.

잘 알겠지만 우리는 예로부터 이 이웃나라 일본의 침략을 많이 받았던 민족입니다. 그래서 일본에 대한 적개심을 가진 사람이 더러 있습니다.

그렇다면 일본은 왜 그 많고 많은 나라를 두고 하필 우리나라를 해치지 못해 안달을 했을까요? 그렇게 넓은 땅덩어리도 아닌데 말예요.

그 이유는 바로 일본인의 집단 무의식 밑바탕에 깔려 있는 한, 한반도를 끝까지 차지하고 말겠다는 원한 때문입니다. 일본인의 일부인 백제와 고구려 유민은 신라와 당나라의 야합에 의해 한을 품은 채 일본으로 건너갔습니다. 신라에 당한 한과 고향에 가지 못한 한을 품고 건너간 그들은 세월이 흘러도 한반도를 다시 찾겠다는 욕심을 버리지 못하는 것입니다.

지금도 우리는 일본인들이 독도를 자기네 땅이라고 우기는 광경을 심심찮게 봅니다. 하지만 이 논리에 장단을 맞춰줄 이는 아무도 없습니다. 우리는 이제 당당하게 우리의 주장을 펼치고 힘을 보여줄 수 있는 능력이 있기 때문입니다. 나라의 힘이란 무력으로 보이기보다는 그 민족의 정신 상태로 보여집니다.

그러나 다시 한번 지금 우리에게 가장 필요한 것이 무엇인지 그리고 우리나라를 단단하게 지킬 수 있는 것이 무엇인지 생각해 봐야 할 것입니다.

무관심 버리기

'강 건너 불구경'이라는 말이 있지요. 다른 집에 불이 나든 사람이 죽든 나와는 아무런 상관이 없다. 즉 무관심하다는 뜻이지요. 그런데 만일 이런 상황을 그대로 둔다면 성말 무서운 일이 벌어질 것입니다. 생각해 보세요.

담배꽁초를 길거리에 아무렇게나 버려도 나하고 상관없으면 무관심. 강도가 여학생을 추행하거나 돈을 빼앗아도 나만 무사하면 무관심. 공장 폐수를 흘려보내도 내가 먹는 물에 이상이 없으면 무관심. 지금 우린 이런 모습으로 서로에게 무관심하지는 않나요?

그러나 우리 조상들은 그렇지 않았습니다. 만약, 임진왜란 때 왜놈이 칼을 들고 조선 땅을 휘젓고 다녀도 나만 무사하면 무관심하고, 국가와 민족이 당하건 말건 나만 안전하면 무관심했다면 우리 민족은 어떻게 되었을까요. 이렇게 오랜 역사를 간직한 민족이기 이전에 진작 소멸했겠지요.

우리는 나와 내 가족만 소중하게 생각하고 있습니다. 내 가족만 무사하면 남들이야 어찌됐든 상관이 없기 때문에 이웃 간의 정도 사라진 지 오래입니다.

우리가 생각하는 가족의 범위가 좀 더 넓어지고, 좀 더 깊어진다면 더욱 살기 좋은 나라가 될 거예요.

사람이 사람을 못 믿으면?

혹시 기차를 타고 먼 거리를 여행해 본 적이 있나요? 그때 여러분은 함께 가는 사람이 아닌 다른 사람에게 인사를 해본 적이 혹시 있나요?

성격이 밝고 쾌활한 사람은 그렇지 않겠지만 대부분의 사람들은 옆자리에 누가 앉든 아랑곳 않고 눈을 감거나 창 밖만 뚫어져라 보곤 하지요.

그렇게 다섯 시간이고 여섯 시간이고 가다 보면 기차 안이 마치 화난 사람들의 집합소 같습니다. 책을 읽거나 음악을 듣는 사람이 있긴 하지만 그들도 옆자리에 앉은 사람에게 무관심하기는 마찬가지지요.

얼마나 사람들끼리의 불신이 깊었으면 이런 풍경이 만들어졌을

까요. 우리의 이런 모습과는 대조적으로 서양 사람들은 자리를 잡
자마자 미소를 지으면서 인사를 한답니다.

그 까닭은 어디에 있을까요?

서구인들은 외향적이고 능동적인 성격이 강한 데 비해, 우리 민
족은 내성적이고 수동적인 성격이 강하기 때문입니다. 서양인들에
비해 70~80% 정도 강하다고 합니다.

쾌활하고, 적극적이고, 사교적인 민족이 살기 좋고 따뜻한 나라
를 만들 수 있답니다.

어떤 강사의 망신

외국인에게 강의를 잘하기로 소문난 한국인 강사가 있었습니다. 그는 특히 미국의 청교도 정신, 일본의 야마토 정신, 중국의 삼민주의, 이스라엘의 선민사상에 박식해서 그 분야의 강의는 따를 자가 없었습니다.

그런데 하루는, 그 강사가 학생들에게 큰 창피를 당했습니다. 강의를 듣던 학생 중 누군가가 이런 질문을 해 왔기 때문입니다.

"선생님, 오늘은 '한국의 혼'이 어떤 것인지에 대해 알고 싶습니다. 선생님은 한국 사람이니까 그 어느 나라의 사상보다 더 잘 아시겠죠?"

"……"

그러나 강사는 학생의 질문에 말문을 열 수가 없었습니다. 그는 분명 한국 사람이었지만 막상 한국혼에 대해서는 할 말이 없었던 것입니다. 한국혼의 위대함과 소중함에 대해서는 늘 무심했기 때문이지요. 반면, 외국의 주요 사상은 하도 공부를 많이 해서 달달 외울 정도였지만 말예요.

그 강사가 개망신을 당한 것은 두말할 나위가 없습니다. 그렇다면 여러분은 우리나라의 혼이 있다고 보세요? 아니면 외국 문물의 도입과 모방으로 한국혼이 사라진 지 오래라고 생각하나요?

신선시대, 화랑도, 불교, 유교, 선비정신, 동방예의지국, 기독교 정신……이렇게 많은 참정신과 가르침은 어디로 갔을까요?

우리의 혼과 고유의 색깔을 찾아낼 때 세계 사람들은 우리를 향해 더 큰 박수를 보낼 것입니다.

한국인이 제일 겁내는 한국인

뉴욕, LA에 사는 한국 교포들에게 이런 질문을 던진 적이 있었습니다.

"이국땅에 살면서 어떤 민속을 만났을 때가 가장 무섭죠? 일본인? 미국인? 러시아인? 아니면 덩치가 크고 무섭게 생긴 흑인?"

그랬더니 참으로 이상한 대답이 나왔습니다.

"한국인을 만났을 때가 가장 무섭습니다."

이 대답을 들은 사람은 망치로 머리를 맞은 것처럼 충격적이었다고 합니다. 정말이지 너무나 소름끼치는 말 아닌가요? 가장 반가워야 할 사람이 가장 무서운 사람이 되다니, 참으로 부끄러운 일이 아닐 수 없습니다.

한국 사람이 한국 사람을 만났을 때 가장 반갑고 가장 믿음직스럽지 않는 이상 우리는 진정한 통일조차 이룰 수 없습니다. 같은 한국 사람들끼리도 이렇듯 불신에 가득 차 있는데 하물며 사상과 문화가 다른 북한 사람들과는 어떻게 화합할 수 있겠어요.

우리는 우리 민족이 가장 우수하고 가장 인간적이라고 생각하지만 언젠가부터 이런 생각들이 얼마나 큰 착각이었는지 실감하곤 합니다.

우리의 땅덩어리는 좁고 인구도 그다지 많지 않습니다. 누구보다 잘 화합하고 서로 보듬어줘야 할 우리가, 가장 두려운 상대가 되어서야 되겠어요? 예로부터 우리 민족은 정이 깊은 민족이었습니다. 먼저 인사하고, 정을 나누고, 손을 내밀던 그때로 돌아가야지요.

수면은 가장 좋은 영양제

몹시 지친 사람에게 가장 필요한 것이 무엇이냐고 물으면 그 사람은 '잠을 실컷 자는 것'이라고 대답하겠죠.

잠은 인간이 음식을 먹는 것만큼 중요하고 없어서는 안 되는 것이니까요. 일을 하고 음식을 섭취하고 충분한 수면을 취한 사람만이 가장 건강한 상태를 유지할 수 있습니다.

그렇다면 여러분의 수면 자세는 어떠한지 한번 물어 보고 싶네요.

"어떻게 자든지 그게 무슨 상관이람. 그냥 아무렇게나 편하게 자면 그만이지."

이렇게 대답하는 어린이가 있다면 다음 설명을 잘 들으세요. 사람에게 가장 바른 자세를 갖게 하는 것은 바르게 잠자는 습관에서 비롯됩니다.

사람의 정신은 24시간 잠을 자지 않아도 초롱초롱하지만, 육체는 잠을 자야만 피로가 회복됩니다. 그래야만 새로운 에너지를 얻을 수 있고, 신체의 조화를 이룰 수 있거든요.

그렇기 때문에 사람이 하루 8시간 정도 자는 것은 바른 인간으로 만들어 가는 대단히 중요한 시간입니다. 특히 방의 온도, 이부자리, 베개 높이, 잠자는 자세, 호흡 방법, 주변 환경 조건들이 바로 갖춰졌을 때 최적의 수면을 취할 수 있습니다.

그렇지 않고 몸을 심하게 꼰 채로 잠을 잔다든지, 팔이나 다리가 몸에 눌린 채 잠을 자면 이튿날 몸놀림이 불편해질 수도 있습니다.

바른 자세로 바른 수면을 취하는 것은 질 좋은 영양제를 먹는 것보다 훨씬 효과적이란 것, 잊지 마세요.

잃어버린 마음 그릇

생활 풍속에 담긴 우리 문화

125가지 ....

붓글씨 쓰기는 좋은 마음공부

내 마음은 어떻게 생겼을까? 둥글까? 네모날까? 흑색일까? 흰
색일까? 선할까? 악할까?

아무리 해도 내 마음을 알 수가 없고, 볼 수 없고, 만질 수도 없
습니다. 그러나 행동을 하면 내 마음의 형체가 곧 나타나지요.

반듯하고 고요하고 깨끗한 마음과 요란하고 삐딱하고 산만한 마음.

어떻게 하면 잘못된 내 마음을 바로잡을 수가 있을까요, 하고
고민하는 어린이에게 서예, 즉 붓글씨 쓰기를 권하고 싶습니다.

붓글씨 쓰기를 하면, 내 마음을 수련시킬 수가 있답니다. 연필이
나 만년필, 볼펜처럼 딱딱하지 않기 때문에 조금만 마음이 비뚤어
지면 붓글씨도 따라 비뚤어지고 흔들립니다.

그러나 마음을 집중시키고 잡념을 없애고 선한 생각만 한다면,

붓글씨는 곧 내 마음처럼 종이 위에 나타납니다. 성격이 급하고, 불안한 사람에게 붓글씨 쓰기는 신경안정제와 같습니다. 하지만 붓글씨 쓰기는 무척 깊은 인내심을 필요로 합니다.

당장에, 한순간에 내 마음이 단련되지 않는 것처럼 끊임없는 노력과 참을성이 뒤따라야만 붓글씨도 내 마음을 그대로 닮는답니다.

웃음의 힘

'일소일소(一笑一少)', '일노일로(一怒一老)'라는 말이 있습니다. 바로 한 번 웃으면 한 번 젊어지고, 한 번 찡그리면 한 번 늙는다는 뜻이시요. 또 우리 옛날에 '웃는 낯에 침 못 뱉는다'는 말도 있습니다. 이 말들의 뜻은 웃음은 만복의 원천이며, 보석과 같이 값지다는 것입니다.

미국인을 위대한 미국인으로 만든 것이 바로 이 미소 속에 있다고 합니다. 만나는 사람마다 미소를 짓고 악수를 하는 것이 바로 미국을 탄생시킨 원동력입니다.

미소를 지으면 안면근육이 부드러워지고 이것이 신경계를 통해 뇌에 전달되면 행복의 호르몬인 엔도르핀이 발생합니다.

이 행복의 호르몬은 다시 인체의 다른 기관에 행복하다는 신호

를 보냄과 동시에 상대방에게까지 전달됩니다. 그리하여 곁에 있
는 멋모르는 사람까지 행복하게 만드는 힘을 지녔습니다.

그런데 우리 어른들의 얼굴을 한번 보세요. 너무나 어둡고 칙칙
합니다. 마치 금방 싸우다가 나온 사람처럼, 슬픈 일이 있는 사람
처럼 흐려 있습니다.

그렇지 않은 얼굴이 있다면 이제 막 태어나서 엄마의 젖을 빨고
있는 아기, 어린 병아리와 작은 꽃을 보고도 함성을 터뜨리는 어
린이들뿐입니다.

우리의 마음속 깊은 곳에 숨어 있는 미소를 찾아서 우리의 주변
을 환하게 만들면 어떨까요? 그렇게 되면 우리가 사는 곳은 일 년
내내 예쁜 꽃이 핀 화원이 될 것입니다.

시조 속에 숨은 건강 비결

우리 조상들이 즐겨 불렀던 시조에 대해서 알고 있나요? 가야금 반주를 뒤로 한 선비 차림의 남자가 부채를 들고 목청을 한껏 뽑은 채로 시조를 외는 모습. 짧은 시조 한 수를 외는 데도 긴 시간이 필요하지요.

긴 노랫말과 빠른 리듬에 익숙한 우리에게는 아주 낯설고 재미없는 것일 수도 있습니다. 그러나 시조를 하는 것에는 우리가 생각지 못한 또 다른 이점이 숨어 있습니다.

바로 시조가 호흡을 길게 하고 음률(音律)을 따라 오장육부를 균형 있게 조절해 주어서 뇌세포를 바르게 안정시켜준다는 것입니다.

공기 중에 있는 기를 빨아들이고 마음을 안정시켜주기에 더없이 좋은 시조를 지금은 특정인이 아니면 하는 이가 드물지요. 이것도 서양문물의 무분별한 도입에 따른 결과라고 할 수 있습니다.

좋은 우리 것은 점점 사라져 가고, 가볍고 쉽고 단순한 것이 판을 치는 요즘, 시조 한 수를 하면서 '선비정신', '청렴결백'을 다짐했던 우리 조상의 모습이 그립습니다.

우리는 얼마나 친절하지?

저기 열심히 일하는 한국 사람과 일본 사람이 있네요. 어디 가서 길을 한번 물어 볼까요?

'저, 행복예식장으로 가는 길 좀 가르쳐 주세요.'

그러자 이런 대답이 나오네요.

'예, 저쪽으로 쭉 걸어가서 첫 번째 골목으로 들어가다가 왼편에 보면 있어요.'

'예, 저기 앞에 있긴 한데요. 좀 찾기가 어려우니까 제가 거기까지 모셔다 드리지요.'

여러분은 이 두 가지 대답 중 우리 한국 사람이 한 대답은 어느 것이라고 생각하나요?

부끄럽게도 앞의 대답이 우리 한국인의 대답입니다.

현재 우리나라는 관광사업으로 많은 외화를 벌어들이고 있습니다. 그러나 현재와 같은 마음으로라면 우리의 관광사업은 그다지 발전할 수 없을 것 같습니다.

당장 우리나라 사람들끼리도 길을 물으면 고개도 들지 않고 손가락만 가리킵니다. 어떤 땐 묻는 사람이 무안하기까지 합니다.

급하지 않다면 하던 일을 잠시 멈추고, 묻는 사람이 정확하게 알아들을 수 있도록 안내해 준다면 어떨까요?

그 어떤 나라보다 세계적인 문화유산이 많은 우리나라입니다. 그러나 문화유산만 가득할 뿐 친절한 마음과 상냥한 말투가 없다면 그 문화유산들은 더 이상의 빛을 발하지 못합니다.

친절한 사람, 미소 짓는 사람, 말투가 상냥하고 눈빛이 다정한 사람이 가득한 나라야말로 가장 아름다운 나라입니다.

진실로 위대한 것들

백화점이나 가구점, 혹은 수입품 상가에 가 보면 우리는 세계적으로 유명한 물건들이 입을 쩍 벌어지게 하는 값을 달고 버젓이 서 있는 것을 볼 수 있습니다.

그것을 보고 우리는 서슴지 않고 말합니다. 저것이야말로 참으로 위대한 것이라고.

그러나 우리의 그런 생각이 정말 바로 박힌 생각들일까요? 아니랍니다. 위대한 것은 바로 사람의 몸입니다. 바로 나 자신입니다.

위대한 악기는 피아노, 바이올린, 북, 거문고일까요?
위대한 악기는 내 몸에 있는 손가락, 발가락, 목소리입니다.
위대한 운동기구는 철봉, 아령, 줄넘기, 러닝머신일까요?

위대한 운동기구는 내 몸에 있는 발, 손, 머리, 팔입니다.
위대한 의복은 비단옷, 밍크코트, 양복, 드레스일까요?
위대한 의복은 깨끗하고 부드러운 알몸으로 충분합니다.
위대한 책은 경전, 삼국지, 손자병법일까요?
위대한 책은 우리를 감싸고 있는 대자연, 삼라만상입니다.

우리의 몸은 몸 그 자체로써 위대합니다. 인간의 목소리만큼 아름다운 악기가 없으며, 인간의 손만큼 정교한 기계가 없다고 하지 않던가요?

비싸고 좋은 것만 찾으려 하지 말고, 내 몸부터 아끼고 사랑해야지요. 진실로 위대한 것들 말예요.

태양을 가까이!

우리 조상에게 태양은 살아있는 신과도 같았습니다. 그래서 예로부터 태양을 마음속에 모시고, 태양이 가장 가까운 산 위에 올라가 제사를 지내왔습니다.

음식도 태양기가 있는 식물성 음식을 먹고, 의복도 태양기가 있는 비단, 무명, 삼베옷을 즐겨 입었고, 주택도 태양기를 받을 수 있도록 남향집을 지어 살았습니다.

또 태양기가 있는 노천강당과 운동장, 들판, 산, 숲 속, 강, 바다, 하늘에서 활동하며 지내왔습니다. 이 모든 것들은 바로 자연과 하나가 된 삶을 살아온 우리 조상의 모습입니다.

그런데 지금은 어떤가요? '빌딩 숲'이라는 말이 생길 정도로 건물이 빽빽한 도시에서 태양은 보이지 않고, 낮보다 더 화려한 밤의 불빛만 우리를 에워싸고 있습니다.

이런 모습들을 우리의 몸이 좋아할 리 없습니다. 우리가 느끼지는 못하지만 어쩌면 우리 몸은 지금 비명을 지르고 있을지도 모릅니다.

지금 우리가 거칠고 난폭해진 것은 양이 아니라 음을 가까이 하고, 지상보다 지하에 익숙해져 있기 때문일지도 모릅니다.

태양기가 있는 생활은 열린 생활, 자연과 가까이 하는 생활을 말합니다. 우리가 하루빨리 찾아야 하는 생활들입니다.

태양의 집, 어둠의 집

우리가 텔레비전 사극에서 쉽게 보는 집들을 한번 연상해보세요. 그런 다음 지금 우리가 살고 있는 집들과 비교해 보세요. 어떤 차이점이 있나요?

여기 공개된 '태양의 집'과 비공개된 '어둠의 집'이 있습니다. 공개된 집은 밖에서 안이 훤히 들여다볼 수 있도록 담장도 허리 아래로 내리고, 언제나 이웃이 찾아올 수 있게끔 대문도 따로 없습니다. 그러나 비공개된 집은 밖에서 안을 들여다 볼 수 없도록 담장을 높이고 철조망을 칠 뿐만 아니라 문패는 아예 떼어 버렸습니다.

여기서 태양의 집은 건강과 행복이 있는 착한 사람이 사는 선인의 집을 말합니다.

반면 어둠의 집은 비정상적이고 늘 불안하며 질병이 가득하고

도둑이 들어올까 봐 불안한 사람이 사는 현대인의 집을 말합니다.

그래서 날이 갈수록 담장이 높아지고, 안에서 열어 주지 않으면 밖에서 사람이 들어갈 수 없는 집이 돼 버렸습니다.

지금도 시골에 가면 태양의 집을 쉽게 찾을 수가 있습니다. 반면, 도시에 가면 어둠의 집만 가득합니다.

화장실이 집 안에 있고 찬바람을 막을 수 있어 편하기는 하지만, 앞으로의 집을 상상해 보면 정말 끔찍합니다.

안으로만 꼭꼭 갇혀 가고 도무지 밖으로 공개할 생각을 않습니다. 이웃에 누가 사는지도 모르고, 죽은 사람이 몇 달 동안 방치되기도 합니다. 우리의 마음이 이렇게 어두워진 것도 이 어둠의 집에서 사는 탓이 아닐까요?

태양의 집과 어둠의 집. 이 두 가지 중 우리가 앞으로 선택해야 할 집은 어느 것일까요?

아프리카 원시인이 사는 법

아프리카의 원시부족을 만났을 때는 절대 사진 촬영을 하지 마세요. 그들은 사진을 찍으면 사람의 영혼이 달아난다고 생각하여 사진기를 마구 부수고 사람을 쫓아버립니다.

이 말을 듣고 '그런 미신이 어딨어?' 하고 입을 삐죽이는 어린이들이 있겠지만 그들은 그것을 사실로 믿고 있습니다.

아프리카 원주민의 가치관은 자연과 더불어 생활하는 것입니다. 그렇기 때문에 사진을 찍고, 아파트를 올리고, 텔레비전을 보고, 신문을 보고, 영화를 보는 것을 무척 싫어합니다. 자연은 함부로 오염시키거나 사람이 함부로 손댈 것이 아니라고 믿기 때문입니다.

우리에게 우리 나름대로의 생활과 질서가 있는 것처럼 그들에게도 그들만의 소중한 가치관이 있습니다. 그들이 우리보다 편하게 지내지는 못해도 우리보다 불행하다고는 할 수 없습니다.

한 가지 분명한 것은, 그들이 지금의 우리보다 훨씬 건강하다는 것입니다. 바로 자연과 더불어, 자연과 하나가 되어 살아왔기 때문입니다. 그들에게는 오염이란 있을 수 없고, 매연이나 쓰레기로 인하여 골머리를 앓는 일도 없습니다. 누가 더 지혜로운 사람인지는 하늘만이 알고 있을 것입니다.

눈빛으로 말하는 인디언

아메리카 인디언들이 구사하는 단어는 별로 많지 않습니다. 대신 침묵과 눈빛으로 수많은 이야기를 나누지요. 하지만 의사소통에는 전혀 지장이 없다고 합니다. 그래서 함께 모여 있어도 우리처럼 수다를 떨거나 소란스럽지 않고 고요한 풍경을 만들어냅니다.

사랑하는 마음도 눈빛으로 전하고, 고마워하는 마음, 미안한 마음도 모두 눈빛으로 주고받습니다. 그래서 싸움도 별로 없고 오해할 일도 별로 없습니다.

그런데 지금 우리는 너무 많은 말을 하고 있다고 생각하지 않나요? 가만히 있으면 똑똑하지 않은 것 같아서 일단 주절대고 보는 게 우리의 버릇입니다. 그래서 두 사람 이상이 모이면 조잘조잘, 정신이 하나도 없습니다.

말이란 것은 본래 한 번 던지면 주워 담을 수가 없습니다. 그래서 말 한 마디 때문에 낭패를 당하거나 돌이킬 수 없는 실수를 하는 경우가 있습니다.

말은 그 사람의 인격을 나타냅니다. 그러나 말이 많아야만 그 사람의 인격이 높아지는 것은 결코 아닙니다.

말은 하는 것도 중요하지만 들어주는 것도 중요합니다. 말을 참아야 할 때 참을 줄 알고, 눈빛과 침묵으로도 대신할 수 있는 사람이야말로 어딜 가도 인정받고 대접받는 사람이 될 수 있습니다.

감각기능을 잃어버린 이유

일기예보가 없던 그 시절에도 우리 조상들은 다음 날의 일기를 충분히 예측할 수 있었다고 합니다.

바로 새나 짐승의 변화를 보면서 이튿날의 날씨가 어떠리라는 것을 점칠 수 있었던 것이죠.

가령, 제비가 낮게 날면 비가 온다거나, 개미가 줄지어 집으로 들어가면 비가 온다거나……

그런데 참 이상하죠?

인간보다 작고 힘없는 짐승들도 미리 알고 준비하는데 우리 인간은 왜 한 치 앞도 내다볼 수가 없는 걸까요? 멀쩡하던 다리가 무너지고, 큰 화재가 나서 많은 사람들이 죽게 되는데 조금도 감지할 수 없으니 말이에요.

그 이유는 '촉각능력 저하'에 있습니다. 촉각능력 저하는 예지, 예측능력을 빗나가게 하거든요. 그렇다면 그 촉각능력이 저하된 이유는 어디에 있을까요? 바로 인간이 입는 옷 때문인데 옷이 그 감각기능을 퇴화시키기 때문입니다.

그것뿐만이 아닙니다. 각종 액세서리와 화학 요소가 잔뜩 섞여 있는 신발과 가방도 그 원인이 됩니다.

인간은 원래 순수하고 자연에 가까운 존재인데 인공적인 것들로 너무 많이 치장되어 있어 감각기능이 발휘되지 못하는 것입니다. 문명이란 것이 인간을 이롭게 하는 것만은 결코 아니라는 것을 실감하게 됩니다.

동물들아, 미안해!

우리나라에는 한 해에 제비가 500만 마리 정도 날아옵니다. 이 제비들은 우리나라에서 따뜻한 시절을 보내며 먹이도 먹고, 대략 2,500만 마리 정도의 새끼를 낳는다고 합니다. 또 제비들의 맛있는 먹이가 되는 해충은 2천억 마리가 죽게 됩니다.

그런데 이렇게 우리에게 이로운 제비가 작년에 살던 집으로 다시 돌아오는 수가 점점 줄어든다고 합니다. 바로 농약과 폐수에 오염된 벌레를 잡아먹어서 제비의 귀소본능인 생체리듬에 이상이 생겼기 때문이라는군요.

환경오염으로 그 수가 줄어든 것은 유독 제비뿐만은 아닙니다. 개구리가 사라진 들녘에서는 황소개구리가 시끄럽게 울어대고, 우렁이가 사라지고, 메뚜기가 사라지고, 개똥벌레가 사라졌습니다.

이 외에도 우리에게 이로운 많은 곤충들과 벌레들이 우리 땅에서 사라져 이제는 백과사전에서나 볼 수 있는 것들이 되었습니다.

이렇게 점점 자연이 훼손되고 작은 생명들이 사라진다면 결국 우리 인간도 이 지구에서 사라져야 할 다음 타자가 아닐까요?

산신령과 물귀신이 나타난 걸까?

옛 이야기 속에 빠지지 않고 등장하는 것으로 '산신령'과 '물귀신'
이 있습니다. 그래서 정말 높은 산과 깊은 물에 그들이 살고 있을
것 같은 착각에 빠지기도 합니다.

하지만 우리는 그것이 현실에서 실제로 존재하는 것으로는 여기
지 않습니다. 그저 전설 속에나 나오는 재미난 장치쯤으로 여길
뿐이지요.

그런데 우리는 요즘 그 산신령과 물귀신이 정말 있지 않을까 하
는 생각을 하게 됩니다. 멀쩡하던 산을 허물고 그 자리에 아파트
와 공원을 만들고, 함부로 흘려버린 폐수에 물고기가 떼죽음을 당
하고, 대형 사고가 나서 많은 사람들이 목숨을 잃고 있으니까요.

하늘에서, 바다에서, 산에서 하루가 멀다 하고 끔찍한 참사가 벌

어지니 어찌 산신령과 물귀신의 벌이라고 생각하지 않을 수 있겠어요.

물론 산신령과 물귀신은 사람의 눈에 보이는 것은 아닙니다. 그것은 우리의 마음에만 보일 테니까요.

우리가 산과 강을 함부로 대할 때 산신령과 물귀신은 우리를 위협할 것이지만, 우리가 잘 보존하고 가꿀 때는 우리를 지켜줄 것입니다. 행복, 평화, 안전이란 이름으로 말입니다.

소리를 사랑하는 사람

공자님은 나이 60에 '이순(耳順)'했다고 합니다. 즉, 나이 60이
되어서야 어떤 소리를 들어도 귀에 거슬리지 않더라는 것입니다.

사람에게 소리란 참으로 중요합니다. 새 소리, 바람 소리, 닭 우
는 소리, 벌레 소리, 애기울음 소리, 기계 소리, 악기 소리, 노래
소리……이렇듯 세상에는 수많은 소리가 있지만 모든 소리들이 나
에게 다 듣기 좋은 소리일 수는 없습니다. 듣기 싫은 소리지만 들
어야 하는 소리도 있고, 나에게는 불필요하지만 남에게는 꼭 필요
한 소리도 있습니다.

그런데 주변에는 이런 소리에 너무나 민감한 사람들이 있습니다.
작은 소음에도 짜증을 내고 귀를 막는 사람이 있는가 하면, 남의
입장을 생각지도 않고 소음을 일으키는 사람도 있습니다.

그중에서도 가장 참지 못하는 소리는 바로 나를 꾸짖는 소리일 것입니다. 들어서 화가 나거나 거슬리면 참지 못하고 당장에 주먹이 날아가고 싸움이 시작됩니다.

당장은 듣기 싫지만 나에게 꼭 필요한 충고와 질책이라면 꾹 참고 견뎌야 하지 않을까요? 그렇지 않으면 우리의 귀는 하루도 행복하게 지낼 수 없을 것입니다.

나에게 필요한 소리라면 참고 들을 수 있는 귀, 남을 위해 잠깐 막아둘 수 있는 귀를 가진 사람이라면 우리는 그가 '이순' 했다고 말해도 되겠죠. 마치 공자님처럼요.

믿고 먹을 수 있는 음식

가끔 매스컴을 통해서 슬픈 소식을 들을 때가 있습니다.

"무엇무엇에 농약 성분이 검출되었습니다."

"무엇무엇에 인체에 해로운 유독성분이 다량 검출되었습니다."

우리는 이런 말을 들으면 섬뜩하기도 하지만 슬퍼지기도 합니다. 사람이 사람을 위해 만든 음식에 유독 성분이 있다는 것은 있을 수도, 있어서도 안 될 일이잖아요.

우리가 믿고 사먹는 채소에까지 농약 성분이 있다는 것은 우리 사회의 불신풍조가 갈 데까지 갔다는 것을 말해 줍니다. 또한 눈으로 식별할 수 없어서 믿고 사먹는 소비자들을 기만하는 행위입니다. 하지만 모든 것에 유독 성분이 있다는 것은 아닙니다.

농약에 오염된 음식을 먹으면 인간은 산성화, 질병화, 공해화,

비인간화되기 쉽다고 하니 음식의 오염 상태를 잘 알고 가려먹는 것이 최상입니다.

지상에 열매를 맺는 쌀, 보리, 밀, 수수 등의 열매는 노출되어 공해와 농약의 오염도가 심한 반면, 땅 속에 열매를 두고 있는 감자, 고구마, 양파, 토란 등의 뿌리 음식은 오염도가 비교적 낮다고 합니다.

농사를 짓는 사람은 가꾸는 모든 것들을 내가 먹는다는 생각으로, 또 그것을 사는 사람은 가꾼 사람들의 노고에 감사해하는 마음을 가진다면 더 이상 인체에 해로운 성분이 검출되어 놀랄 일은 없을 것 같네요.

추장을 뽑는 별난 기준

아프리카에서는 추장을 선발하는 기준이 좀 특이합니다. 우리가 지도자를 선택하는 것과는 다른 요소가 눈에 띄지요. 아프리카의 사람들이라고 하여 비과학적이고 비합리적이라고 생각한다면 그것은 큰 오산입니다.

'적게 먹고 많이 일하는 사람', '개인 소유는 적고 공익 정신과 희생정신이 투철한 사람'이 바로 추장이 될 수 있는 최대 조건입니다.

바꾸어 말하면 많이 먹고 게으르고 재산이 많은 개인은 추장이 될 자격이 없다는 것이죠.

만약 이런 사람이 추장이 되었다고 가정해 보세요. 아마 자신이 가지고 있는 것도 모자라서 더 많이 '더 많이'를 외치며 부정축재와 독재를 일삼다가 결국에는 파멸하고 말 것입니다.

이처럼 아프리카에서 추장을 뽑는 기준은 우리에게 큰 교훈을 줍니다. 역대 우리의 지도자들을 보면 하나같이 모두 재산을 탐하고 이권 다툼에 여념이 없었으니까요.

아프리카에서는 우리 지도자 같은 사람이 추장이 되는 것은 꿈도 못 꿀 일이지요.

우리가 알고 있는 위대한 인물들 중에는 이렇게 적게 먹고, 적게 입고, 적게 가지고, 작은 집에서 청렴하게 지낸 이가 많습니다.

많이 가지고, 많이 거느리고, 어마어마한 집에서 살아야만 대접을 받는다는 그릇된 가치관을 하루빨리 고쳐 나가야 하겠습니다.

큰 스승, 성철 스님

'산은 산, 물은 물.'

이 말은 돌아가신 성철스님께서 하신 말씀으로 참 유명합니다. 복잡하게 꾸미고 생각할 필요 없이 있는 그대로, 자연 그대로가 가장 소중하며 그곳에서 진리를 깨달아야 한다는 말입니다.

성철 스님은 우리나라 불교계에서도 높은 경지에 이르신 분이셨지만, 결코 풍족하게 살지는 않으셨습니다.

그분이 남기신 것이라곤 고작 옷 한 벌, 고무신 한 켤레, 몽당연필 한 자루였다고 합니다.

특히 성철 스님의 의복은 얼마나 검소하였는지 온전한 부분보다는 누덕누덕 기운 자국이 더 많았다고 합니다. 비바람과 추위만 피하면 그만이라고 하여 옷도 딱 한 벌만 갖고 계셨으니 이것으로도 그분의 모든 것을 알 것 같습니다.

또한 음식을 먹을 때도 밥 몇 숟갈만 뜰 수 있으면 그만이었고, 신문도 텔레비전도 보지 않으셨습니다.

그러나 그분이 돌아가셨을 때 그분의 몸에서는 많은 보석 같은 사리가 나왔고, 그분의 돌아가심을 슬퍼하는 수많은 사람들이 찾아들었다고 합니다.

그런데 우리는 너무 많은 것을 갖고 싶어 합니다. 어른들은 큰 집, 큰 차, 좋은 옷. 어린이들은 좋은 장난감, 좋은 학용품, 좋은 옷, 좋은 컴퓨터, 등등.

마음이 늘 굶주려 있으면 정신이 맑지 못하고, 흐려 있으면 그를 부자라고 부를 수 없습니다.

지닌 것이 없고, 욕심이 없었기에 훌훌 벗어 버리고 이 세상을 떠날 수 있었던 성철 스님이야말로 우리의 참스승이라고 할 수 있습니다.

천둥과 번개에서 얻은 지혜

여러분은 번개가 일고 천둥이 치면 농사가 풍년이 든다는 말을 들어 본 적이 있나요? 아참, 그러기 전에 먼저 번개와 천둥이 왜 일어나는지부터 알아야겠군요.

하늘의 ○ 세계에 +와 −의 음과 양이 극단으로 분열을 하면 하늘은 우주의 질서를 지키기 위하여 빛과 천둥으로 이 분열을 소멸시키려 하는데 이때 나오는 소멸의 빛이 벼락이고, 소멸의 파장은 천둥입니다.

그렇다면 이 번개와 천둥이 농사와는 어떤 관계가 있을까요? 천둥과 번개는 농사를 방해하는 벼멸구와 해충, 그리고 여러 가지 잡충의 눈을 멀게 하고 귀의 고막을 터뜨려서 농사가 잘 되도록 했던 것이죠.

우리 조상들이 농사철에 징과 꽹과리, 장구와 북을 친 것도 천둥과 번개의 원리를 이용한 것입니다. 징과 꽹과리를 친 것은 그 소리를 듣고 멸구와 잡충의 고막을 터뜨리기 위함이고, 장구와 북은 벼에 힘을 북돋아 주어서 농사가 잘 되게 하기 위함이었습니다. 바로 우리 조상들의 자연농사법이었던 것이죠.

자연의 변화에서도 작은 지혜를 찾아 내 실생활에 활용했던 조상들의 부지런함과 슬기로움이 또 한번 우리를 놀라게 합니다.

핵무기와 환경핵

얼마 전 우리는 북한이 핵무기를 다량 보유하고 있을 가능성이 높다는 보도를 듣고 무척 긴장한 적이 있습니다.

우리가 실감하지는 못하지만 사실 잔인한 칼과 총에 비해 핵무기는 무시무시한 힘을 갖고 있습니다. 단 몇 초 사이에 수많은 사람들의 생명을 앗아갈 수 있는 것이 바로 이 핵무기라는 사실을 기억할 때 잠시도 긴장을 멈출 수가 없습니다.

실제로 미국과 소련, 프랑스, 중국 등 강대국에서는 핵무기를 보유하고 있습니다. 약소국가를 핵으로 누르고 위협하고 착취하려는 속셈이지요.

하지만 우리는 그들을 위대한 민족이라고 생각하지는 않습니다. 사람을 해치기 위한 거대한 도구를 갖고 있는 것을 결코 위대하다고 할 수는 없으니까요.

지금 현재 전 세계가 필요로 하는 것이 과연 인류를 파멸로 이르게 하는 핵무기일까요? 아니지요. 바로 오염된 지구를 되살리는 '환경핵'을 만드는 것이지요.

핵무기를 만드는 시간과 인력과 경비를 환경핵을 만드는 데로 돌린다면 우리가 사는 이 지구의 평화와 안전은 약속받은 것이나 마찬가지겠지요.

개미떼의 대이동

폭풍우가 몰아치기 전 날, 개미들은 떼지어 이동을 합니다. 위험이 닥칠 것을 본능적으로 아는 개미들은 새끼 알을 입에 물고 자기 몸길이의 10-30만 배나 넘는 거리를 희생을 무릅쓰고 이동하는 것입니다.

개미들에게 폭풍우는 가장 큰 재앙이 될 수도 있기 때문에, 그들은 죽을 각오를 하고서라도 안전한 곳으로 이동을 하는 것입니다.

이런 개미들을 보면서 우리는 인간에게도 언젠가 이런 큰 재앙이 닥칠 것을 예감하게 됩니다.

지금 우리가 품은 갖가지 욕심과 전쟁과 질병과 환경오염은 언젠가는 끝닿은 데까지 가서 우리에게 보복을 할 거라는 두려움이 생기는 것이 사실입니다.

그중에서도 가장 우리를 불안하게 만드는 것은 심각한 상태에 이른 '환경오염'입니다. 한여름을 더욱 뜨겁게 했던 '엘니뇨 현상'과 겨울의 추위를 더욱 매섭게 하는 '라니냐 현상'만 봐도 우리는 자연이 얼마나 솔직한지를 알 수 있습니다.

특히 세계 각국에서 지금 현재도 일어나고 있는 기상이변은 우리를 다시 한번 섬뜩하게 합니다.

자연은 위대하고 고마운 존재이지만 언제나 우리 인간에게 베풀지만은 않는 것 같습니다. 그동안 우리가 자연과 환경을 상대로 어떤 일을 일삼았는지 돌이켜 보아야 할 것입니다.

해 먹기 운동

우리 조상들은 아침에 떠오르는 해를 바라보며 '해 먹기 운동'이
란 것을 했답니다.

'해 먹기 운동'이 뭐냐구요?

바로 이른 아침에 떠오르는 해를 바라보며 입을 크게 벌리고 태
양을 베어 물 듯 눈을 감은 다음, 오장육부, 단전, 뇌에 태양을 기
억시켜 인체를 태양빛으로 뜨겁게 달아오르게 하는 운동이지요.

그렇다고 정말 해를 먹을 수 있는 것도 아닌데 그게 무슨 운동
이 되냐고 생각하겠지만 이와 같은 훈련을 계속하다 보면 자기 자
신도 모르는 사이에 뜨거운 불덩이가 생성되어 초능력적인 정신력
이 나올 뿐 아니라, 질병과 잔병치레를 물리칠 수 있지요. 그래서
옛 선인들은 이 훈련을 꾸준히 해 왔습니다.

앞에서도 얘기했지만 우리 민족은 태양기를 중요하게 여기고 태양을 가까이 하며 자연과 더불어 살아왔습니다.

태양을 단순히 동쪽에 떠올랐다가 서쪽으로 지는 빛덩이로 여기지 않고, 거대한 기운을 인간에게 전해 주는 신성한 존재로 여겼습니다.

태양을 잘 받고, 공기가 맑은 곳에 풀이나 꽃이 잘 자라는 것처럼 태양을 가까이 하고 '해 먹기 운동'을 한 사람이 건강하게 장수하는 것은 당연한 이치겠지요.

우리 몸은 전자동 오토메이션

신문이나 텔레비전을 통해 세계 뉴스를 듣다 보면, 우리가 거의 불가능하다고 여겼던 병을 치료할 수 있는 약품을 개발해 냈다든지, 영원한 수수께끼로 남을 줄 알았던 병의 원인을 밝혀냈다든지 하는 놀라운 소식을 듣곤 합니다.

그런데 이거 아세요? 제 아무리 뛰어난 머리를 가진 의사라도 인간의 피와 간즙 1g도 만들어 내지 못하며, 아무리 소젖, 말 젖으로 분유를 만들어도 모유와 똑같이는 만들 수 없다는 것 말예요.

이것은 인간의 몸이 완전무결한 전자동 오토메이션으로, 인체에 들어오는 모든 병원균과 싸워 이길 수 있는 최고급 의약품을 만들어 내는 생명력을 가진 기계라는 것을 잘 증명해 줍니다.

그렇기 때문에 인체 안에 위대한 전자동기계가 있다는 사실을

망각하고 보약을 찾고, 값비싼 약을 먹고, 병원을 찾아가는 것은
어리석어 보이기까지 합니다.

자그마한 병치레에도 얼굴이 샛노래져서 헐떡이는 사람은 우리
의 몸을 무시하는 것과 다르지 않습니다.

우리의 몸을 믿고 규칙적인 운동을 하고 밥을 잘 먹으면, 좋은
약을 먹지 않고도 건강하게 오래오래 살 수가 있는 것입니다.

건강을 위한 작은 이야기들

사람들은 누구나 건강하게 오래 살고 싶어 합니다. 인간이라면 당연한 욕심입니다. 그런데 우리는 그 바람만 키우고 있을 뿐, 무병장수를 위한 노력은 조금도 기울이지 않고 있습니다.

사실, 우리의 몸은 기계와도 같아서 운동이라는 작은 기름만 쳐주어도 신명나게 돌아간답니다.

그렇다면 지금부터 건강해지는 아주 평범한 방법 몇 가지를 알려 주겠습니다.

◆ 적게 먹고, 땀은 많이

한국이 낳은 세계적인 지압사인 최도현 박사는 세계적으로 이름난 대통령, 왕, 귀족, 부호, 연예인 등 수많은 사람들의 지압을 맡아 왔습니다. 그런데 최도현 박사가 병 치료를 위하여 가장 강조하는 것이 있다면 바로 음식을 적게 먹고 땀을 많이 흘리는 것이랍니다.

참 쉬운 방법이지요? 그런데 우리는 이 쉬운 방법을 잘 알고 있으면서도, 잘 지키지 않고 있습니다. 적게 먹고 많이 움직이는 것은 기본 중의 기본인데 말예요.

❑ 마음이 즐거우면 최고

마음이 괴로우면 어떻게 되나요? 신경이 긴장하여 각 세포가 공포에 떨게 되고 얼굴은 찌그러지기 마련이죠.

각 세포가 공포에 떨면 어떻게 되나요? 공포를 막기 위하여 갖가지 병의 원인이 되는 세포를 만들어 내죠.

다시 말해서 마음을 편하게 먹지 않으면 자기 스스로가 병균을 만들어 내는 꼴이 된다는 것이죠.

반면, 마음이 즐거우면 어떻게 되나요? 신경이 부드러워져서 각 세포가 즐겁게 춤을 춥니다.

각 세포가 춤을 추게 되면 어떻게 되나요? 즐거움을 보상받기 위하여 항체 에너지가 생산되고, 병이 될만한 균들을 모두 죽여 버리죠. 쉽게 말하면 정상호흡, 정상음식, 정상생활을 하면서 마음을 즐겁게 먹으면 스스로가 나쁜 세균을 죽일 수 있다는 말입니다.

천하의 질병도 사실은 이렇게 내가 만들고 내가 없애는 것이랍니다. 언제나 싱글벙글, 즐거운 마음만 가지세요. 건강해 진답니다!

◆ 매일매일 36번 건강 마찰

우리 조상들은 건강을 유지하기 위하여 특별한 방법을 쓰거나 특별한 약을 먹지 않았습니다.

퇴계 이황 선생의 양생법(養生法)을 보면 손, 발, 얼굴, 눈, 귀, 코, 목덜미, 몸 부분, 다리, 발가락 등 각 부위를 손으로 36번 마찰하라고 했습니다. 하루에 아침, 저녁으로 36번씩 마찰을 하면 신체가 놀라울 정도로 건강해진다고 합니다.

그런데 현대인들은 건강을 위한다면도 자신의 몸을 그냥 놔두고 인위적인 기계만 사용하고 있습니다. 내 몸을 건강도구로 써도 충분하답니다.

◆ 손가락 운동

장수하는 사람을 보면 대부분 지휘자, 피아니스트, 서예가, 염주를 굴리는 스님과 같이 손가락 운동을 많이 하는 사람들입니다.

우리 조상들이 가르쳤던 잼잼, 곤지곤지 방법도 최상의 두뇌훈련 방법이며, 공기차기, 실뜨기, 단추제기, 새끼 꼬기, 호두알 굴리기, 손 비비기, 박수치기, 젓가락질, 주판알 튕기기, 구슬치기, 키보드치기, 가위질, 볼펜 돌리기, 각종 봉운동, 지압법 등도 손가락을 운동시키기 때문에 머리를 명석하게 하고, 집중력을 높여 주고, 질병을 예방시켜 주는 좋은 운동이 됩니다.

앉아서 텔레비전을 볼 때나 책을 읽을 때도 손가락을 쉬지 않고 움직여 보세요. 당장은 느끼지 못하겠지만 조금씩 좋아질 게 분명하다고요.

◆ 뇌수심족론(腦手心足論)

뇌를 단련시키려면 손가락 운동을 하는 게 좋고, 심장을 단련시키려면 발가락 운동을 하는 게 좋다고 합니다.

모든 정신병은 손가락을 안 놀리거나 잘못 놀려서 생기는 것이고, 모든 육체병은 발가락을 안 놀리거나 잘못 놀려서 생기는 것이라고 하잖아요.

그렇다면 손가락 운동으로 적당한 일은 어떤 것이 있을까요? 방 안 청소, 단추 끼우기, 호두알 굴리기가 바로 손가락 운동으로 적당한 일들입니다.

걷기, 일하기, 줄넘기, 달리기 등은 발가락 운동에 적당한 일입니다.

이렇게 손가락과 발가락을 부지런히 움직이면 몸도 마음도 병에서 멀어진다고 하니 꼭 기억해 두세요.

최상의 건강 비결

여러분은 인간이 건강해질 수 있는 최상의 비결이 무엇이라고 생각하나요? 여러 가지 대답이 있겠지만 그중에서 가장 좋은 비결은, 바로 신선한 산소를 많이 마시는 것이겠죠. 그럼 신선한 산소는 어떻게 하면 많이 마실 수 있을까요?

바로 농촌에서 모를 심을 때, 김을 맬 때, 추수를 할 때 풍부한 산소를 많이 마실 수 있는 것은 물론이거니와, 최상의 건강까지 선물 받을 수 있습니다. 장수하는 사람이 많이 모여 사는 곳은 도시가 아니라 시골인 것도 바로 이 맑은 산소를 마음껏 마시고 살기 때문입니다. 적당한 노동도 톡톡히 한몫을 하고요.

아무리 좋은 보약을 마시고, 골프를 치고, 사우나를 하고, 에어로빅을 한다고 해도 시골에서 농사를 짓는 일보다 결코 우리 몸을 이롭게 하지는 못합니다.

현대인들은 정말 너무나도 땀을 흘리기 싫어합니다. 조금만 힘이 들면 다른 사람을 시키고, 돈으로 모든 것을 해결하려 합니다.

각종 정신병, 소화 불량, 변비, 동맥경화 등등. 땀을 흘리지 않아 생길 질병들이 지금 우리 곁에서 우리를 해칠 만반의 준비를 하고 있다는 것을 알아야 합니다.

건강을 위해 땀을 흘리고 싶다면, 헬스장이나 보약을 찾을 게 아니라 시골로 가서 흙을 일궈 보세요. 노동이 얼마나 신성한 것인지 깨달을 수 있으며, 건강과 행복까지 덤으로 선물 받을 수 있을 것입니다.

세상을 흥하게 하는 것, 망하게 하는 것

여기 차 한 잔과 술 한 잔이 있습니다. 그런데 이 둘 중 하나는 세상을 망(亡)하게 하지만, 하나는 세상을 흥(興)하게 합니다.

무엇이 세상을 망하게 하는지, 또 무엇이 세상을 흥하게 하는지 여러분은 잘 알겠지요.

바로 차(茶)가 세상을 흥하게 하지요. 차를 마시면 민족 심성이 깨끗해져 정신이 맑아지고, 맑아진 정신이 육체를 통제하게 해 줍니다. 양심과 이성이 동물 본능을 통제하면 밝은 나라가 될 수 있지요.

세상을 망하게 하는 것은 당연히 술입니다. 술을 마시면 탐욕심을 일으키는 육류와 담배를 찾게 하고 이성을 마비시킵니다. 그래서 자신도 기억하지 못하는 행패를 저지르게 하고, 음주운전을 하게 만듭니다.

차 한 잔을 마시느냐, 술 한 잔을 마시느냐에 따라 민족의 흥망
성쇠가 달렸습니다.

여러분은 어느 잔을 들겠습니까?

편식하면 난폭해지는 세포들!

요즘 어린이들이 가장 싫어하는 음식이 바로 '김치'라고 합니다. 반대로 가장 좋아하는 음식은 피자, 햄버거, 케이크 등이라고 합니다. 그래서 식탁에 오르는 음식도 대부분 서양 소스를 얹거나 튀긴 것, 볶은 것 따위입니다.

또 좋아하는 것은 얼마든지 먹을 수 있지만 싫어하는 것은 절대 먹을 수 없다는 게 요즘 어린이들의 주장입니다.

이것은 절대 바람직한 태도가 아니라는 것쯤은 잘 알겠죠? 우리의 몸은 특정 음식, 특정 맛만 보고도 몸을 건강하게 유지시켜 줄 만큼 너그럽지 못하답니다.

인간의 몸속에는 84,000종의 세포가 살아가고 있는데 그 생명 세포가 먹고 싶어 하는 음식을 사람이 섭취해 주면 그 보답으로 몸과 마음을 안정되게 해 줍니다.

그러나 편식을 하거나 과식을 하는 등 음식 섭취의 균형을 유지시켜 주지 않으면 이 세포들은 무척 괴로운 상태에 빠지게 됩니다. 괴로운 상태를 이기지 못한 세포들은 욕심을 부리게 한다든지, 시기를 하게 한다든지, 질투를 하게 한다든지, 고집을 부리게 한다든지 하는 방법으로 인간을 괴롭히는데 성질이 고약한 세포들은 병을 만들기도 합니다.

물론 세포들이 좋아하는 음식을 골고루 섭취해 주면, 몸을 건강하게 해주고 병도 만들지 않습니다.

우리가 골고루 먹는 음식이 우리 몸을 건강하게 해 주는 가장 큰 원동력이라는 것을 알았다면, 오늘 당장부터 잘못된 나의 식습관을 바로잡으세요.

쌀밥같이 맑은 마음

생활 풍속에 담긴 우리 문화

125가지 ....

'영가무도(詠歌舞蹈)'를 아세요?

'영가무도(詠歌舞蹈)'란 노래를 읊고 발로 춤을 춘다는 뜻입니다. 더 자세히 말하면, 소리의 나섯 가지 음인 '음, 아, 우, 어, 이'를 읊으면서 발끝으로 추는 도인(道人) 춤을 말합니다.

요즘 텔레비전에서 흔히 볼 수 있는 댄스가수의 모습을 연상하면 조금 비슷할 것 같네요.

이 춤은 옛날 삼신(환인, 환룰, 환검)시대부터 수신수도를 위해 비밀리에 전수된 한민족의 하늘춤입니다. 여기서 오음(음, 아, 우, 어, 이)은 단전과 오장육부를 단련시켜 만병을 예방하고 치료해 줍니다.

자칫 이상한 눈으로 보면 무당들의 놀음 같지만, 이 춤에는 한민족의 한을 초인적으로 나타낸 생명력이 담겨 있습니다.

배우기 쉽고 간단하고, 형식이 없는 자연스러운 이 춤은 우리 민족의 가장 솔직하고 가장 소박한 춤이라고 할 수 있지요.

요즘, 춤이라는 단어가 무척 우리 생활 가까이에 와 있습니다. 텔레비전을 켜면 현란한 불빛 속에서 노래와 춤을 함께 하는 가수들이 판을 치고 있습니다. 또 하루가 다르게 낯선 춤들이 생겨나 우리의 눈을 어지럽게 합니다.

그런데 이 모든 춤들의 국적을 혹시 알고 있나요? 하나같이 국적을 알 수 없는 이상한 춤들. 우리는 그런 것 따윈 알 필요 없다는 듯 무조건 따라하고 있습니다.

오랜 역사를 자랑하는 우리가 우리의 것을 지키지 못하고, 남의 것을 무작정 따라하는 줏대 없는 민족이 되어서는 안 되겠지요.

이번 기회에 우리 고유의 춤 하나쯤 배워 두는 게 어때요? 정말 매력적이고 개성 있는 사람이라는 소리를 들을 거예요.

쌀밥 같은 사람

양념이 잘된 고기와 달콤한 잼이 든 파이, 부드러운 케이크와 피자. 머릿속에 떠올리기만 해도 군침이 도는 음식들이죠?

이런 음식을 싫어하는 어린이는 아마 없을 거예요. 그런데 한번 상상해 보세요. 이런 음식을 매일같이 먹는다면 어떻게 될까요. 생각만 해도 속이 울렁울렁해서 밥 생각이 절로 날거예요.

우리가 최고의 음식이라 생각하는 보약, 산삼, 녹용 따위도 마찬가지예요. 이런 음식을 매일같이 먹는다고 생각해 보세요. 김치 한장 쭈욱 찢어 얹은 하얀 쌀밥 생각이 간절해질 거예요.

쌀밥은 담백한 맛은 있지만 이렇다 할 특별한 맛이 나는 음식도 아니지요. 하지만 매일 먹어도 싫증나지 않고, 반갑고 군침 도는 맛입니다. 이 정도는 되어야 진짜 음식이라고 말할 수 있지 않을까요.

사람도 마찬가지입니다. 재주가 뛰어나고 행동이 남다른 사람이 언뜻 보기에는 위대한 사람 같지만, 사실 위대한 사람은 보통 사람과 조금도 다를 바 없는 평범 속에 평범, 상식 속에 상식적 생활을 하는 사람을 말합니다.

보통 사람들 속에서 보통의 생활을 하며 바르게, 정직하게 사는 사람, 만나면 반갑고 즐거운 사람이 진짜 위대한 사람 아닐까요? 마치 쌀밥처럼 말예요.

마음을 바꾸면 얼굴도 바뀐다

여기, 여러 얼굴들이 있습니다.

웃는 얼굴, 찡그린 얼굴, 걱정하는 얼굴, 화난 얼굴, 아픈 얼굴, 욕심이 가득 찬 얼굴, 무서운 얼굴, 정다운 얼굴……

'얼굴'이란 무엇일까요?

얼굴은 바로 '얼'이 담겨 있는 '굴'입니다. 그러니까 그 사람의 정신이 담긴 그릇이라고 할 수 있지요.

이런 말이 있습니다.

'사람 나이가 40이 되면 얼굴에 책임을 져야 한다.'

이 말은 나이 40 정도가 되면 그 사람의 얼굴에 살아온 흔적이 얼굴에, 눈동자에, 피부에 나타나기 때문에 얼굴이 곧 그 사람의 삶을 말해 준다는 뜻입니다. 따라서 마음을 잘 가꾸어야만 얼굴이 곱게 변한다는 것이죠.

우리는 모두 예쁜 얼굴, 고운 얼굴을 갖고 싶어 합니다. 그래서 여자들은 화장을 하고 머리를 매만집니다. 요즘은 성형수술을 하는 사람이 급속도로 늘어간다고 합니다.

하지만 얼굴을 고치고 다듬는다고 해도 그 사람의 마음에서 우러나오는 표정은 고칠 수가 없습니다.

마음이 온순한 사람, 따뜻하고 다정한 사람은 얼굴이 평화롭지만, 조급하고 난폭하고 욕심 많은 사람은 그 얼굴이 밉습니다.

이 다음 내 나이 40이 되었을 때, 곱고 아름다운 얼굴을 보장받고 싶다면, 남들에게 부끄럽지 않은 얼굴을 보여 주고 싶다면 지금 당장 나의 그릇된 생활을 바로잡고, 얼굴보다는 먼저 마음을 가꾸세요.

사람의 몸속에 보물이 있다고?

'다이아몬드', '사파이어', '루비', '진주', '금', '자수정'.

우리는 이런 것들을 통틀어 보물이라고 합니다. 누구나 탐내고, 갖고 싶어 하는 것들이지요.

그런데 이런 것들이 정말 최상의 보물일까요? 빈손인 채 아무 것도 가진 것 없는 사람은 그런 보물보다 못한 걸까요?

아니지요. 이 세상에서 가장 귀하고 값진 보물은 바로 우리 사람의 몸입니다. 그 보물은 땅 속에서 나오는 '쇠붙이 보물'이 아니라 우리 몸, 즉 선골, 단전, 배꼽, 가슴, 목, 이마, 머리 부분에 있는 '차크라'라는 보물이지요.

이 '7개 소'에 있는 보물을 수양하여 개발하면 색깔과 소리, 감각, 정서, 건강이 좋아진다고 합니다. 또 우주와도 바꿀 수 없는 신비한 세계를 느낄 수도 있다고 합니다.

아무리 위대한 발명품, 아무리 값진 보석도 우리의 몸과는 견줄 수가 없습니다.

지금 내가 갖고 있는 이 몸이 이 세상에서 가장 귀한 보물임을 잊지 말고, 잘 가꾸고 수양해야 하겠습니다. 그럴 때 우리 몸은 빛 나고 아름다워질 테니까요.

'알'에서 태어난 사람

신화를 살펴보면 알에서 태어난 인물들이 많습니다. 부여의 해모수, 고구려의 수몽, 신라의 김알지, 박혁거세. 이 모두가 알에서 태어난 인물입니다.

사실 이 신화는 '진화론'을 믿는 사람들에게는 비과학적이고 비논리적이지만 우리는 이 사실을 부정하지는 않고 있지요.

그렇다면 과연 '알'이란 것은 무엇을 말할까요? '알'이란 것이 무엇이기에 그 속에서 사람이 태어나는 걸까요?

'알'을 원래 문자로 표현하면 '올'이 됩니다.

이 '올'을 한번 소리 내어 발음해 보겠어요? '알, 알, 알, 알, 알……' 이런 식으로 자꾸 발음하다 보면 나중에는 '알, 얼, 올, 울, 일……'로 발음이 살짝 바뀌게 됩니다.

이때 '알'은 둥근 모양의 씨알을 말하고, '얼'이란 불변하는 정신적 존재를 말합니다. 또 '올'은 하나의 개체를 말하며, '울'이란 전체적인 공간을 말합니다. 그리고 마지막의 '일'은 첫 번째, 하나, 으뜸, 하나님을 말합니다.

이와 같이 알, 얼, 올, 울, 일을 가리키는 '알'의 존재는 모든 것을 포함하는 절대적 존재를 가리키는 말이 되는 것이지요. 그래서 '알'에서 태어난 사람 대부분이 위대한 업적을 남기게 되는 것인지도 모릅니다.

좀 복잡한 설명이긴 하지만 '알'이란 말 속에는 이렇듯 깊은 뜻이 담겨 있다는 것을 알아 두는 것도 좋겠죠.

미륵부처님

　절에 가 보면 여러 분의 부처님이 모셔져 있습니다. 우리가 단순한 눈으로 보기에는 모두 비슷한 분들 같지만 알고 보면 이름도 다르고 가르침도 다른 분들임을 알게 될 것입니다.

　혹시 여러분은 '미륵부처님'이란 이름을 들어 본 적이 있나요?

　처음 들어보는 어린이도 있겠지만 불교나 역사에 약간의 관심을 가진 어린이라면 한 번쯤 들어보았을 거예요.

　'미륵불(부처님)'은 버릴 미(彌), 굴레 륵(勒), 부처님 불(佛)이란 뜻으로 굴레를 벗어 버린 부처님을 말합니다. 즉, 현실의 제도, 규정, 경전, 계율, 스승의 가르침, 문자, 기록 등의 모든 굴레에서 벗어나서 아무것도 구속받는 것이 없는 본연의 모습을 하고 계신 분을 미륵부처님이라고 합니다.

　또한 미륵은 하나님, 부처님, 진인, 미륵불이라는 말까지도 벗어
던져 버린 조금의 구속도 없는 가장 자유로운 분입니다.

　절에 가면 이 미륵부처님을 아주 큰 형상으로 모셔 두었는데 그
이유는 미륵부처님은 실제로 계신 분이 아니라 앞으로 나타나실
분으로 그 형체는 우리가 상상할 수도 없을 만큼, 우주의 몇 억
배나 큰 분이기 때문입니다.

　우리가 사는 동안 가장 평화롭고, 가장 안전하고, 가장 행복할
때 이 미륵부처님은 그 모습을 우리에게 드러낸다고 합니다.

　우리가 사는 이곳이 진정으로 살기 좋은 곳이 되어 미륵부처님
이 나타나기를 기다립니다.

불이문(不二門)과 무설전(無說殿)

◆ 불이문(不二門)

절에 가면 입구에서 '불이문(不二門)'이란 글이 쓰인 문을 보게 됩니다.

'불이문'. 이 말을 쉽게 풀면 둘이 아니다, 즉 모든 것이 한마음 이라는 것을 말합니다.

다시 말해 불이문은 하나의 문이며, 부처님의 가르침 속으로 들어가는 문이며, 한마음의 문이며, 모든 흩어진 것을 하나로 모이게 하는 천하제일 문이며, 극락으로 인도하는 문입니다.

지금 우리가 처해 있는 현실, 즉 남과 북이 갈라진 이 현실은 불이문의 이치를 거역하는 것이 되지요.

우리가 잃어버렸던 것, 우리가 욕심으로 흘려보낸 것 모두 찾아

서 한마음이 된다면 불이문으로 들어서는 마음에 조금의 부끄러움
도 없을 것입니다.

◆ 무설전(無說殿)

경주 불국사에 가면 '무설전'이라는 건물이 있습니다.

'무설전?' 혹시 무엇을 말하는지 알고 있나요?

무설전이라는 것은 '설명이 따로 필요하지 않다, 마음이 통하면
그것으로 족하다'는 뜻입니다. 이심전심(以心傳心)이란 말과 통하
지요. 그렇게 되면 부처님의 가르침을 설법이나 경전의 힘을 빌리
지 않고도 스스로 깨달을 수 있다는 것이지요.

사실 인간이 사용하는 언어는 30%밖에 감정을 표현하지 못한다
고 합니다. 그러니까 나머지 70%는 감각과 침묵과 어떤 느낌에
의해서 전달되는 것이지요. 그래서 가끔 이런 말이 절실하게 와
닿을 때가 있지요.

'웅변은 은이요, 침묵은 금이다.'

우리가 한 번쯤 깊이 생각해 봐야 할 말인 것 같습니다.

경주 불국사에 가는 일이 있다면, 무설전에 들러 보세요. 그리고
가만히 서서 부처님의 본마음이 내게 전해오는지를 느껴 보세요.

성현과 영웅을 모시는 이유

우리 조상들이 예로부터 산신당, 단군성전, 칠성각, 충효각, 사당, 교회 등을 짓고 석가, 단군, 삼신, 성현, 공자, 관운장, 예수님을 깍듯이 받들어 모신 이유가 뭘까요?

그분들은 이미 돌아가신 분들인데 우리가 그렇게까지 공손하게 모실 이유가 있을까요? 물론 반드시 해야 할 일들은 아닙니다. 하지만 우리가 지금에 이르기까지는 그분들의 높은 뜻과 가르침이 있었던 것입니다.

그러나 자칫하면 우리는 그분들의 뜻과 가르침을 외면하기 쉽습니다. 우리 곁에는 지금 너무나 많은 정보가 쏟아져 나오다 보니 무엇이 참이고 무엇이 거짓인지, 진정으로 믿고 의지가 없기 때문입니다.

우리 조상들은 예로부터 성현, 영웅들을 잘 모시면 나라가 발전하지만 그렇지 않으면 퇴보한다고 믿어 왔습니다. 늘 그분들을 본받고, 높은 뜻을 이어받아 그와 같은 경지에 이르고자 노력했던 것이지요.

단군, 을지문덕, 대조영, 강감찬, 정몽주, 세종대왕, 이순신, 이율곡, 정약용 같은 분들이 우리 민족의 영웅이라면, 석가, 공자, 예수, 간디, 슈바이처, 아인슈타인, 노벨 등과 같은 분은 인류의 영웅이라고 할 수 있습니다.

그분들의 업적을 감사히 여기고 연구, 발전시키는 것이 후손인 우리가 할 일입니다. 사당이나 칠성각, 산신당이 더러 우리 눈에 의미 없어 보일지는 모르지만, 그 속에 숨은 뜻을 헤아려서 이어받을 줄 아는 사람에게만 큰 인물이 될 수 있는 희망을 내려준답니다.

모든 곳에 신이 있다

우리 조상들은 큰 산, 큰 바위, 큰 나무, 큰 강물에도 영혼이 있다고 믿으며 이를 신성시했습니다. 심지어 돌멩이 하나에까지도 영혼이 있다고 여겨 함부로 하지 않았습니다.

그래서 간절한 소망이 있거나, 바람이 있을 때는 정안수를 떠놓고 신성시했던 물건 앞에서 기도를 올렸습니다.

텔레비전 같은 데서 흔히 보게 되는 이 모습을 우리는 결코 미신이라고 말하지 않습니다. 그 모습이 너무나 간절하고 진실하기 때문입니다. 너무나 진지하고 경건하기 때문에 숙연해지기까지 합니다.

그런데 요즘 우리의 모습은 참으로 어이가 없습니다. 동물들을 함부로 잡아들이는가 하면, 몸에 좋다고 하면 먹을 것, 못 먹을 것

가리지 않는 게 사람입니다. 그것도 모자라 같은 사람을 죽이고 자식이 부모를 죽이는가 하면 부모가 자식을 죽이는 어처구니없는 일들이 벌어지고 있습니다.

자연을 신성시하고 이들과 기쁨, 슬픔을 함께 한 우리 조상들이 알면 지하에서 노발대발할 일 아닌가요.

모든 곳에 신이 있다는 생각은 우리 민족을 착하게 부지런하게 만드는 힘이 될 수도 있었을 것입니다. 상상해 보세요. 나의 행동과 생각을 보이지 않는 눈이 늘 지켜보고 있다고 말예요. 나쁜 짓을 하거나 욕심을 부릴 엄두라도 낼 수 있겠어요.

하지만 이 모든 것을 생각하기 이전에 선하고 바르게 살아가는 것이 인간이 가져야 할 가장 기초적인 덕목이겠지요.

대도인(大道人)은 어떤 사람?

한국인의 의식 구조를 보면 약간 신비주의적인 면이 있습니다. 가령, 정도령, 미륵불, 구세주, 진인 등이 나타날 것을 믿고 있다는 것입니다.

기록을 보면 그 인물들은 보통 사람들과는 달라서 앉아서 삼천 리 밖의 일을 다 알고, 서서 구만 리를 본다고 합니다. 또 손만 잡으면 장님이 눈을 뜨고, 귀머거리가 소리를 듣는 등 기적적인 이변이 일어난다고 합니다. 사실, 이런 논리는 전혀 실현 가능한 것이 아닙니다. 마치 전설 속에나 나옴직한 일이지요.

그런데 우리는 이 모든 것을 모를 만큼 어리석지도 않으면서 왜 이런 대도인(大道人)의 출현을 믿고 있을까요? 그 이유는 바로 사람들의 심리가 불안하고, 미래에 대한 막연한 두려움이 있기 때문입니다.

그렇다면 진짜 대도인은 과연 어떤 모습으로 나타날까요?

안개와 구름을 거느리고 신비한 모습으로 나타날까요? 아닙니다. 진짜 대도인은 우리 곁에서 올바르게 살아가는 사람의 모습으로 나타납니다.

남을 위해 나 자신을 희생할 줄 알고, 약속을 지키고, 거짓말을 하지 않고, 일을 열심히 하는 평범한 사람이 진짜 대도인이 아닐까요?

여러 사람을 포용해 주고 믿음을 지키는 사람. 어쩌면 나 자신이 대도인인지도 모릅니다.

알이랑 얼이랑

'아리랑 아리랑 아라리오 아리랑 고개로 넘어간다.

나를 버리고 가시는 님은 십 리도 못 가서 발병난다.'

우리 민족의 제2의 애국가라 부를 만큼 친숙해진 '아리랑'의 노랫말입니다. 그런데 '아리랑'이란 말은 과연 무슨 뜻인지 궁금하지 않나요?

'아리랑'은 '알이랑'이란 말에서 '얼이랑'으로 변한 말입니다. 여기서 '알이랑'이란 우주 전체인 한알님(하나님)을 말하고, '얼이랑'이란 말은 우주 전체의 얼인 한얼님을 말하는 것이지요.

또 '나'가 뜻하는 것은 우리, 우리 집, 우리 마을, 우리 민족, 우리나라, 우주입니다.

'발병'이 뜻하는 것은 한국병, 이기병, 분열병, 출세병, 허세병, 합리화병입니다.

따라서 '나를 버리고 가시는 님은 십 리도 못 가서 발병난다'는 말은 '한국얼'을 버리고 가는 사람은 십 년이 못 가서 '한국병'이 난다는 말입니다.

자, 이제 아리랑의 뜻을 알았겠지요. '아리랑'이란 노래를 부를 때 이 내용을 기억한다면 더욱 소중한 노래로 느껴질 거예요.

큰사람이 되는 길

수많은 양떼를 몰고 가는 목동이 있었습니다. 하루는 이 목동이 잠깐 딴 곳을 보는 사이에 한 마리의 양이 없어졌다는 것을 알게 되었습니다. 없어진 양은 열 마리도 아니고 단 한 마리였지만 목동은 눈이 번쩍 뜨였습니다.

이때 여러분은 어떻게 하겠어요? 수많은 양이 아직 있으니 그냥 내버려둔 채 갈까요? 아니면 한 마리도 소중하기 때문에 그 양을 찾으러 갈까요?

많은 양이 아직 남아 있기 때문에 그냥 포기하겠다는 말도 틀린 말은 아니지만, 한 마리도 소중한 생명이기 때문에 찾겠다는 말이 더 현명한 생각인 것 같습니다.

사실, 수많은 양떼는 한 마리, 한 마리의 양이 모여 이루어지는 것입니다. 작은 물방울이 모여 큰 바닷물이 되는 것이며, 작은 힘들이 모여 커다란 바위를 들어올리는 것입니다.

나 하나쯤이야 쓰레기를 버려도 괜찮겠지, 나 하나쯤이야 빠져도 모르겠지, 모든 사람들이 이렇게 생각한다면 결국 마지막까지 남는 것은 아무도 없을 것입니다.

작은 것이라도 많이 모이면 어마어마한 힘을 냅니다. 작은 것에 대한 소중함, 고마움을 아는 사람만이 진정으로 큰사람입니다.

천하대장군과 지하여장군

시골에 가다 보면 서낭당 어귀에 무시무시한 얼굴로 서 있는 장 승을 만나게 됩니다. 옛 사람들은 이 장승을 보면 절을 올리고 소 원을 빌고 돌멩이를 장승 아래에 살짝 던져두고 가곤 했습니다.

그런데 요즘 사람들은 이 장승을 끔찍하다거나 별 쓸데없는 것 쯤으로 여기는 경향이 있습니다. 또 우상을 뜻한다며 뽑아 버리거 나 잘라 버리기도 합니다.

지금 와서 이렇게 밉상스러운 존재가 된 장승을 우리 조상은 왜 만들었을까요? 그리고 장승은 어떤 의미였을까요?

환단고기에 보면 하나님이신 상제께서 지상에 태일(太一)을 내 려 보내 천하를 다스리는데, 하늘 아래는 '천하대장군'에게 오제라 고 하여 삶과 죽음, 빛과 열, 성장과 양성, 성숙, 조화를 다스리게 했습니다.

또 지하는 '지하여장군'에게 오령이라고 하여 땅 속의 생명을 윤택하게 하고, 녹이고, 지어주고, 재량하여 자르고, 씨 뿌리는 일을 맡게 했고요.

이를 현대적인 감각으로 바꾸어 설명하면 천하대장군은 낮, 남성, +, 양성, 외향성, 좌회전을 다스리는 분이며, 지하여장군은 밤, 여성, -, 음성, 우회전을 다스리는 분을 말합니다.

그러니까 단순한 우상이 아니라 땅 위와 땅 아래의 삶을 보다 이롭게 하기 위해 하나님이 내려 보낸 신하인 것입니다.

우리는 옛것을 무조건 현재와 맞지 않다고 배척할 것이 아니라 그 숨은 뜻을 알고 보존할 것은 보존하며 오늘과 조화를 이루는 생활을 하는 것이 바람직할 것 같습니다.

토끼의 눈치 없는 겨울 이야기

우화 하나를 들려 드리지요. 매미, 메뚜기, 토끼, 모기가 어느 날 한데 모여 자기 자랑에 시간 가는 줄 모르고 있었습니다.

"난 더운 여름철에 농부들을 위해 목청껏 노래를 불러 주었어. 세상에 어디 이보다 더 큰 기쁨이 있겠어?"

매미가 말했습니다. 그러자 메뚜기도 지지 않고 말했습니다.

"나는 말야, 새벽의 신선한 이슬을 매일 먹고 산단다. 이 신선한 맛, 정말 끝내줘."

그러자 토끼도 한 마디 거들었어요.

"난 겨울철에 하얀 눈을 뽀드득뽀드득 밟고 다닌단다. 너희들은 이런 기쁨을 모를 걸."

이 말을 물끄러미 듣고 있던 매미가 물었습니다.

"흰눈? 겨울? 그게 뭐야? 나는 처음 듣는 소린 걸?"

"맞아 맞아. 세상에 흰눈이란 게 어딨어? 우리는 한번도 못 봤는걸."

메뚜기도 매미의 말에 맞장구를 치며 흥분했습니다.

"그럼, 좋다. 모기한테 가서 물어 보자."

결국 토끼와 매미와 메뚜기는 제삼자인 모기한테 가서 토끼의 자랑이 사실인지 물어 보기로 했습니다.

그런데 토끼의 이야기를 잠자코 듣고 있던 모기가 고개를 갸우뚱거리며 이렇게 말하는 것이었습니다.

"나는 여름에만 사는 곤충이야. 그렇기 때문에 토끼의 이야기를 믿을 수가 없어."

결국 토끼의 말은 거짓말이라는 판결을 받았습니다. 여러분이 만약 토끼였다면 그 상황에 눈치 없이 흰눈이 내리는 겨울 이야기를 해야 했을까요?

맞아요. 토끼는 여름 이야기를 해야 했어요. 상황을 잘 살피고 적절한 말을 하는 것도 지혜랍니다.

지구도 사람도 삐딱! 삐딱!

지금 지구에서는 끔찍한 일들이 하루가 멀다 하고 일어나고 있습니다. 폭설이 내려 한 마을이 눈에 뒤덮여버린다든가, 비가 억수같이 내려 물바다가 된다든가, 사이비 종교에 빠진 사람들이 집단자살을 한다든가. 정말 끔찍한 뉴스가 신문에 가득하고, 사람은 사람을 믿지 못하고 불안해하고 있습니다.

그런데 이 모든 일들이 그저 사람들이 억울하게 받는 재앙일까요? 아니겠지요. 환경을 오염시키고 지나친 욕심을 부린 인간의 죄에 대한 대가가 아닐는지요.

정말 사람들의 삐딱한 마음이 하루빨리 바로 세워지기를 바라는 마음입니다.

그런데 사람의 삐딱한 이런 마음처럼 삐딱한 채로 존재하는 것이 있습니다. 바로 지구랍니다. 마치 철이 덜 든 사람처럼 말예요.

지구는 23.5도 기울어져 있다는 것을 알고 있을 거예요. 자북(磁北)과 진북(眞北)으로부터 6½도 차이가 나며 1년은 360이 되지 못하고 365일로 5일이나 차이가 나서 음력과 양력이 맞지 않고, 하늘의 별자리 28수도 북반구에서는 16수, 남반구에서는 12수여서 북반구 쪽으로 치우쳐 있습니다.

이렇게 삐딱한 지구도 몸을 바로 펴고, 인간도 마음을 바로잡는다면 삐딱한 우주도 정위치로 돌아설 것입니다. 기울어진 마음부터 어서 빨리 바로잡아야 하겠습니다.

달의 변화를 보며 얻은 생각

하늘의 달은 참 변덕스럽지요. 잘린 손톱 같은 초승달도 되었다가, 쟁반 같이 둥근 보름달도 되었다가……

우리가 알고 있듯이 달(月)은 한 달에 한 번씩 주기적으로 변화를 합니다. 이 달의 변화는 밀물과 썰물을 만들고, 짐승들의 웅담 크기에 영향을 미치며, 특히 여성의 월경에 큰 영향을 미친다고 합니다.

그래서 어느 나라에서는 여성이 월경 기간에 저지르는 범죄는 모두 무죄로 인정한다고도 합니다.

우리는 이런 달의 변화를 보면서 사물을 단지 한 각도에서만 보고 판단해서는 안 된다는 것을 깨달았으면 합니다.

인간에게는 달빛과 초자연적인 힘에 의하여 인간 자신도 모르게 행동하는 복합적인 요소가 더러 있습니다. 그렇기 때문에 다양한 각도로 보지 않고 평가해 버리는 것은 50점짜리 판단밖에 못 됩니다.

이것뿐만이 아닙니다. 우리의 머리 속에 이미 박혀 있는 선입견이란 것도 사실은 무척 위험한 것입니다. 여러 면에서 생각해 보고, 신중하게 판단을 내릴 때 실패의 확률도 적습니다.

요즘 현대인에게는 너무 경솔한 부분이 있습니다. 그래서 잦은 사건이 터지고, 사고가 나는 것이지요. 조금 더 신중하게, 조금 더 넓게 생각하는 우리가 된다면 좋겠지요.

우리말로 된 유일한 별자리, 북두칠성

별자리에 대한 특별한 지식이 없는 사람이라도 밤하늘을 보면 금세 찾아 낼 수 있는 별이 북두칠성입니다.

이 북두칠성은 밤하늘을 바라보며 추억에 젖는 사람들에게 가장 먼저 떠오르는 별자리이기도 하지만 한민족을 지켜온 별자리이기도 합니다.

사실 우리가 알고 있는 많은 별자리 중에서 우리 이름을 딴 유일한 별자리는 북두칠성뿐입니다.

북두칠성의 이름은 큰곰자리별이며, 우리 민족의 대성현인 한웅천황의 이름으로, 절에 있는 대웅전도 사실은 한웅을 모셨던 집입니다. 우리가 평소 모르고 지냈던 부분이지요.

지구가 만유인력 법칙에 의하여 공전과 자전을 하고, 달이 28일

주기로 변화하며 바닷물이 들고 나고, 월, 화, 수, 목, 금, 토, 일 요일이 있고, 여성의 월경 주기가 일정한 것도 북두칠성의 힘에 의한 것이라고 합니다.

이제 밤하늘을 보다가 일곱 개의 별로 된 북두칠성을 발견하면 그저 아무렇지 않게 지나칠 것이 아니라 위의 사실들을 기억한다면, 북두칠성은 다시 한번 우리 곁에 제일 가까이 있는, 제일 친근한 별이 될 것입니다.

집안의 해가 되라고 '안해'

여러분의 아버지는 엄마를 어떻게 부르나요? 마누라, 여보, 부인, 내자, 누구누구 엄마, 자기, 아내, 당신. 대충 이 정도의 호칭으로 불리고 있습니다.

그런데 북한에서는 남편이 부인을 부르는 호칭이 좀 특이한데, 다름 아닌 '안해'라는 것입니다.

집안에 있는 해(태양)라는 뜻으로 말예요.

남자가 밖의 해라면 여자는 집안의 해가 되어 집안을 밝게 꾸려야 한다는 뜻입니다.

안해는 집안에서 시아버지, 시어머니, 남편, 자녀들을 두루두루 비치는 해처럼 가정을 밝고 화목하게 만들어야 합니다.

그래서 옛 조상들은 안해가 부엌에서 찬장의 살림살이를 잘해서 빛을 내라고 '살광'이라고 불렀고, 물건을 넣어두는 곡간을 빛내라고 '광'이라고 불렀으며, 머리에 이고 다니는 것도 빛이 나라고 '광주리'라고 불렀던 것입니다.

처음에는 좀 촌스럽고 이상하게 들렸지만 이제 그 의미를 알았으니 제법 의미심장한 호칭이라는 생각이 들 거예요.

부인에 대한 남편의 호칭은 이렇게 다르지만 우리나라나 북한이나 결혼한 여자의 일은 모두 같답니다. 오늘도 집안을 환하게 비추는 해가 되어 우리를 감싸주는 엄마들에게 박수를 보냅시다.

광주리를 인 여성의 힘

들녘에서 일을 마치고 머리에 광주리를 이고 거기다가 아기까지 업고 집으로 돌아가는 여인의 모습을 우리는 쉽게 떠올릴 수가 있습니다.

어렵게 살던 그 시절에는 모두가 그렇게 고단한 모습으로 살았지요. 그런데 여인이 이고 다니는 광주리에 대한 호기심을 가져본 적은 혹시 없나요? 이번에는 그 광주리에 대해 알아보기로 하겠습니다.

광주리는 대오리나 싸리, 버들가지 따위를 엮어서 만든 그릇으로 머리에 이고 다닐 때 사용하는 살림도구입니다. 우리 조상들은 '광우리' 또는 '광조리'라고 부르기도 했습니다.

머리에 '광주리'를 이고 다니면서 우리 민족은 '빛나는 우리이다'.

우리 민족은 '빛이 있는 우리이다', '빛나는 우리가 되도록 하라'는 뜻을 잊지 않고 실천하기 위해 '광우리'라고 이름 지었던 것이지요.

그러니까 광주리를 이고 다녔던 여성의 몫이 얼마나 컸는지도 알 수 있으며, 민족의 힘을 키우고 얼을 지키는 데는 남녀가 따로 없었음을 알 수 있습니다.

광우리, 살광, 광, 안해, 복조리, 연지곤지, 댕기, 비녀, 치마, 저고리, 단지, 항아리, 한가위, 웅녀, 누에치기, 베 짜기, 강강술래, 칠성당, 금줄.

이 모든 단어들은 여성과 관련이 깊습니다. 또 우리나라 최초의 임금님이신 일곱 분 환인이 모두 여성이라는 사실을 안다면 여성의 힘이 얼마나 위대한지를 알게 될 것입니다.

거문고와 가야금

우리 전통 악기에는 여러 종류가 있습니다.

슬픔을 한없이 깊게 하는 악기가 있는가 하면 마음을 명랑하게 만드는 악기도 있습니다.

다른 악기도 마찬가지이지만 특히 거문고와 가야금은 우리 민족의 정서와 깊은 관련이 있지요. 자, 그 소리를 한번 들어볼까요.

'동-당기-동, 동-당기-동, 당기-당기, 동-당기-동'
'同-檀基-同, 同-檀基-同, 檀氣-檀氣, 同-檀記-同'

이 소리는 무슨 악기에서 나오는 소리 같나요? 바로 거문고를 켤 때 나는 소리랍니다. 거문고에는 애절하고 한 많은 우리 민족의 한이 숨어 있지요.

'단군의 자손들아, 너희들은 조상의 근본인 단(檀)이 내 몸과 한 몸임을 생각하여 단의 기운과 기백과 기상으로 뭉치고 뭉치어 밝은 세상을 잊지 말고 길이길이 보존하라.'는 뜻이 담겨 있지요.

가야금도 마찬가지입니다. 가야금 12줄에는 남녀노소, 춘하추동, 희로애락의 모든 소리가 다 들어 있습니다.

그러나 북(北)한의 가야금은 따뜻하고 즐거운 소리를 낼 수 없고, 남(南)한의 명주실 가야금은 웅장한 소리를 낼 수 없다고 합니다.

마치 우리의 분단 현실을 상징하는 듯합니다. 어서 통일이 되어 반쪽인 소리가 완벽하게 어울려 내는 온전한 소리를 듣고 싶습니다.

12폭 치마, 12폭 마음

사람이 입고 있는 옷은 그 사람의 성품을 말해 줍니다. 단정하고 깨끗하게 옷을 입은 사람은 상대에게 좋은 인상을 주지만 그렇지 않은 사람은 첫인상을 흐리게 합니다.

물론 옷을 잘 입은 사람이라고 해서, 값비싼 옷을 입고 화려한 장식을 한 사람을 가리키는 것은 아닙니다. 자신의 신분에 맞게, 자신의 체구에 맞게끔 맵시 있게 차려 입은 것이야말로 최상의 옷차림입니다.

우리의 옛 여인들은 지금의 여성들의 복장과는 아주 달랐습니다. 지금은 서양식 복장으로 바지도 입고 짧은 치마를 입기도 하지만, 옛날 양반집 여인들은 저고리에 '12폭 치마'라는 것을 입었습니다.

이 '12폭 치마'에는 천하의 모든 것이 다 들어 있다고 할 만큼 많은 의미가 담겨져 있습니다.

우선 1년 12달부터 시작하여 12간지, 12신, 12율, 12인영, 12궁, 춘하추동, 동서남북, 남녀노소, 시아버지, 시어머니, 남편, 아들, 딸, 손자, 외갓집……

이런 의미가 12폭 치마 안에 모두 담겨 있다고 합니다. 다시 말해 여인의 한평생은 물론이고 삼라만상 모두가 들어 있는 것이지요.

그래서 눈물도 많고 걱정도 많고 기쁨도 많은 것이 바로 여인네들의 삶이었습니다. 우리 민족이 겪었던 기쁨과 슬픔이 모두 담겨 있기도 합니다. 그 모든 것을 속으로 삭히고, 인내한 여인들이 있었기 때문에 지금의 우리가 있는 것임을 알아야겠지요.

12폭 치마처럼 넓고 깊은 마음을 지금의 모든 여성들도 본받았으면 합니다.

신라인들의 태교

어머니들은 아기를 가지면 태교라는 것을 합니다. 마음을 곱게 가지고, 나쁜 것을 보지 말고, 좋은 음악을 듣고, 즐거운 생각을 하고, 좋은 음식을 먹고……

이렇게 한 것은 뱃속에 든 아기가 엄마와 똑같이 호흡하고 똑같이 생각하고, 똑같이 생활한다고 믿었기 때문입니다. 그래서 태어나는 아이의 인격은 태교로 인해 결정된다고 생각했죠. 그러니 태교라는 것이 중요하지 않을 수 없지요.

신라는 힘이 약해서 늘 백제와 고구려의 침략을 받은 나라입니다. 그래서 신라의 장군들과 스님들은 신라의 백성들을 건강하게 만들기 위한 방법으로 태교를 선택했다고 합니다.

스님들은 백성들에게 부처님을 잘 받들어 모시면 산모가 미륵불과 같은 사람을 낳는다는 식의 태교를 시켰으며, 장군들은 부모에게 효도하고 나라에 충성하고, 친구들과는 사이좋게 지내서 그 모습이 뱃속의 아기들에게 간접적으로 전해지도록 했다고 합니다.

그런 태교를 한 부모로부터 태어난 아이들이 자라서 무수한 화랑들이 되었고, 삼국통일의 원동력이 되었던 것입니다.

그렇지만 100% 태교 덕분에 신라의 화랑도가 태어나고 삼국통일의 주역이 될 수 있었던 것은 아닐 것입니다.

태교는 물론이고 일상생활에서도 늘 후손들에게 바른 모습을 보여 주고, 모범이 되었기 때문에 그런 결과를 얻은 것이라고 여겨집니다.

일 년 열두 달, 태교를 하듯 바른 모습만 아이들의 눈에 비춰주는 어른들이 있다면 우리나라도 세계의 으뜸이 될 수 있을 거라 믿습니다.

신비로운 '사랑의 기(氣)'

배가 아플 때 여러분은 어떻게 하나요?

엄마에게 약을 달라고 보채기도 하고, 병원으로 달려가기도 하겠죠.

그런데 혹시 여러분 중에는 아무런 의학 상식도 없는 할머니께 배를 맡겨 본 적이 없나요?

'내 손은 약손이다.'

체했거나 속이 아플 때 우리를 눕혀 놓고 이렇게 중얼거리며 연신 배를 쓰다듬어 주시던 할머니, 잠시 후 참 신기한 일이 벌어지지요. 조금 전까지만 해도 아파 죽을 것 같던 배가 감쪽같이 나으니까요.

그렇다면 정말 '사람의 손은 약손'이 될 수 있을까요? 사람의 손에는 뭐가 있기에 그런 놀라운 일이 벌어지는 걸까요?

신기한 것은 그것만이 아닙니다. 음식을 만들 때, 가령 무생채를 만들 때, 기계로 자른 것보다 사람이 직접 손으로 자른 것이 훨씬 맛이 좋다고 합니다. 정말 사람의 손에 뭔가가 있는 게 분명해요. 그게 뭘까요?

바로 '사랑의 기(氣)'가 인체에서 발생하기 때문이지요. 귀여운 손자의 배앓이를 낫게 하고 싶은 할머니의 애타는 마음, 가족들에게 맛있는 무생채를 먹이고 싶은 엄마의 마음이 '사랑의 기'를 불러일으키는 것이죠.

사람에게는 누구든지 4~5 볼트 정도의 전기가 흐르고 있으며 사랑의 힘이 강하면 강할수록 초능력적인 기(氣)를 발휘할 수 있다고 합니다. 물론 사랑이 없을 때는 이 초능력이 발휘되지 않습니다.

우리 주변에 늘 '사랑의 기'가 넘치도록 흐르길 바랍니다.

안방마님의 교육

"너의 조상은 천산 아래 남북 5만 리, 동서 2만 리 땅을 다스린 한민족이니라. 지구축의 변화 때문에 사막화되어서 12개 부족 중 1개 부족은 서쪽으로 가고 11개 부족은 해 뜨는 동쪽으로 이동을 했느니라.

우리 조상은 하나님의 천손자손으로 한얼의 뜻을 이어받아 순수한 자연생활을 했는데 못된 잡것들의 세력에 의해 한얼의 큰 뜻을 펼 수 없어 한반도에 은둔하게 되었단다.

그동안 930여 회 수난을 당하면서도 조상들은 끈질기게 종족을 보존해 왔느니라. 이제 때가 되어 너희들은 너희들의 코와 귀와 입과 눈과 혓바닥과 손가락과 머리와 피부 속에 숨어 있는 천부적인 잠재능력을 발휘할 때가 되었느니라. 너희들이 좋아하는 소질을 잘 발휘하여 이 나라와 병든 세상을 구하도록 하거라."

이 말은 우리의 어머니와 할머니가 아들, 딸, 손자, 손녀를 앉혀 놓고 안방마님으로서 교육했던 내용입니다.

그러나 지금은,

"시험공부 열심히 하고, 친구들 잘 사귀고, 제발 옷 좀 깨끗이 입고, 엄마 아빠 말씀 좀 잘 들어라, 응? 제발."

이런 식의 안방교육이 이루어지고 있습니다.

물론 이런 교육이 불필요하다는 것은 아니지만 어떤 교육이 더 우리 어린이들의 꿈과 희망과 용기를 북돋워 줄 수 있는 말인지 생각해 봐야 하지 않을까요?

우리 할머니

허리가 굽고 기운이 없어서 지팡이에 의존하지 않으면 거동조차 힘든 할머니들이 계십니다. 돌아가시지 않았는데도 마치 아무 것도 할 일이 없는 분 같고, 태어날 때부터 할머니였던 것 같은 할머니.

하지만 그것은 너무나 잘못된 생각입니다. 그분들은 우리 어머니를 낳으셨고, 나를 태어나게 하셨고, 우리보다 불편한 시대를 맞아 갖은 고생을 하셨습니다. 할머니들의 힘이 있었기에 우리가 지금 이렇게 안락할 수 있다는 것, 잊지 말아야 할 것입니다.

그런데 아주 오래된 역사 속에는 우리 곁의 할머니와는 좀 다른 업적을 남긴 할머니들이 계셨다고 합니다. 그분들을 한번 만나 볼까요?

옛날 옛날 단군시대 이전이었던 환웅시대, 그보다 더 먼 환인시대에 우리 할머니들은 남북 5만 리나 되는 환국을 다스렸다고 합니다. 다스린 기간은 3,301년이라고 하기도 하고 62,182년이라고 하기도 합니다.

그 할머니들은 모두 일곱 분이셨는데 안파견 환인, 혁서 환인, 고시리 환인, 주의양 환인, 혁서 환인, 구을리 환인, 지위리 환인이 그분들의 이름입니다. 아메리카 인디언이 말하는 아파치가 바로 안파견 환인이라고 합니다.

이 일곱 분의 할머니들은 초능력 초염파를 지닌 능력자로 북극성과 북두칠성, 그리고 하늘의 28수의 원리에 따라 월력을 만들고, 불을 개발하고, 농사법과 누에치기를 발견하여 신성시대를 다스린 최초의 지도자였습니다.

우리 조상들이 북극성과 북두칠성을 잊지 않고 끈질기게 칠성당에 모셔오고 있는 이유는, 역사 이전 신성시대를 통치한 우리 할머니들의 업적을 후손에게 알리기 위함입니다.

아주 오랜 옛날 나라를 통치했다는 할머니, 그리고 지금의 우리 할머니, 서로 다른 업적을 남기셨지만 똑같이 위대하고 위대합니다.

따뜻한 마음 나눠 갖기

생활 풍속에 담긴 우리 문화

125가지 ....

우리가 잘 몰랐던 여자 이름

'아기', '애기', '응애', '아가씨', '어머니', '아주머니', '할머니'.

이런 말들은 우리가 일상적으로 쓰는 말이긴 하지만 그 말이 무슨 뜻인지는 잘 알지 못합니다.

나를 낳아준 분을 어머니라고 하고, 할머니를 할머니라고 하는데 무슨 다른 뜻이 있냐고 할 사람도 있겠지만 이 말들 속에는 숨은 뜻이 있습니다.

아기란 아기(我己)라는 뜻으로 나의 몸을 말하며,

애기란 애기(愛己)라는 뜻으로 사랑스런 나의 몸을 말하고,

응애란 응애(應愛)라는 뜻으로 나를 사랑해 달라는 소리를 말합니다.

아가씨란 아가의 씨를 가지고 있다는 말이며,

어머니란, 모(母)라는 뜻으로 젖가슴이 두 개가 나타났다는 것
을 말하므로 어머니란 곧 큰 젖을 뜻합니다.

아주머니란 아기 주머니가 있다는 말이며, 할머니는 늙어 버린
젖가슴을 가진 여자를 말합니다.

좀 생소한 뜻이지만 이것이 본래 말뜻인데 시간이 흐를수록 조금씩 뜻이 사라지고 지금에 이른 것입니다.

요즘 우리의 소중한 말이 자취를 잃어가고 있습니다. 거리에 나가 보면 외국에 왔는지 우리나라에 있는지 모를 정도로 외래어투성이입니다.

소중한 우리말, 처음의 뜻이 바뀌지 않은 우리말을 잘 보존하는 것이 바로 우리의 민족혼을 잘 간직하는 것이 될 것입니다.

무명꽃 왕비

오랜 옛날, 왕비를 뽑기 위하여 많은 처녀를 모아놓고 지혜를 시험할 때의 일입니다. 시험관이 처녀들에게 물었습니다.

"이 세상에서 가장 아름다운 꽃은 무엇이지?"

그러자 여기저기서 갖가지 꽃들이 튀어나왔습니다.

장미, 연꽃, 들국화 ,해바라기, 분꽃, 진달래, 철쭉……

그런데 맨 마지막에 나온 대답은 좀 달랐습니다.

"무명꽃입니다."

무명꽃이란 목화꽃을 말하는데 이 말을 들은 시험관이 대답한 처녀에게 물었습니다.

"그 이유가 뭐지?"

처녀가 침착하게 대답했습니다.

"무명꽃은 모양은 비록 화려하지 않지만 백성들의 옷을 만드는 고마운 꽃이기 때문입니다."

이 말을 들은 시험관은 곧 이 처녀를 왕비감으로 결정했습니다.

이 이야기는 무명꽃, 즉 목화꽃의 유용함에 대해 말하고자 하는 것은 아닙니다. 한 나라의 왕비, 지도자가 되기 위해서는 겉모습만 보고 평가할 게 아니라 속을 보고 결정할 줄 아는 지혜가 있어야 한다는 것을 말하고자 하는 것입니다.

또 나 자신이 화려하고 행복해지는 것보다, 백성들을 먼저 생각하는 사람만이 지도자가 될 진정한 자격이 있다는 것을 새삼 생각하게 합니다.

좋은 차 한 잔씩 마시기

매스컴을 통해서 어떠어떠한 차가 몸에 좋다는 보도를 종종 듣습니다. 이런 보도를 들을 때면 차 한 잔을 마시고 싶어집니다. 그리고 마음도 참 맑아지는 것 같습니다.

아이스크림, 껌, 설탕, 커피, 콜라, 피자, 주스, 햄버거……

어딜 가도 이런 음식들만 만나게 되는 요즘. 그래서 차 한 잔이 더욱 간절해지는데, 때맞춰 이런 보도를 들으니 기분이 좋을 수밖에요.

그런데 차를 마시는 일은 콜라나 주스를 마시는 일처럼 그리 간단하지 않습니다. 물을 일정 온도가 될 때까지 데워야 하고, 찻잎을 조심조심 넣어야 하고, 잔을 준비해야 하고, 마실 때는 소리를 내지 말아야 하고, 자세는 어떻게 해야 하고……

이런 것을 보통 '다도(茶道)'라고 하는데 무척 까다롭고 복잡해서 다도를 모두 익히는 데만도 꽤 오랜 시간과 노력이 필요합니다.

그렇다고 지금 우리가 다도를 처음부터 배우자는 것은 아닙니다. 단지 너무나 기름지고 자극적인 음식에 길들여진 우리의 혀와 위를 향긋한 차 한 잔으로 쉬게 한다든가, 기름기를 덮을 수 있다면 얼마나 좋을까 싶어서입니다.

음식은 피를 만드는 주인입니다. 그런데 이렇게 가다간 우리의 몸속에 든 피가 탁해져서 제 기능을 못할 것 같은 걱정이 생깁니다.

순수하고 향이 좋은 차로 우리의 몸속을 청소하는 것도 좋을 듯싶습니다. 아니면 맑은 물 한 잔이라도, 아니면 구수한 숭늉 한 사발이라도 어떨까요?

우리 것으로, 우리식으로

대통령 취임식, 3·1절, 광복절, 개천절, 그 밖의 국가 의식 행사를 보면 무척 안타까워집니다.

모두 우리 고유의 날인데 가만히 보면 우리의 것은 눈을 씻고 봐도 보이지 않습니다.

행사진행이 우리식인가요? 외국식인가요?

복장이 한복인가요? 양복인가요?

음악소리가 국악인가요? 양악인가요?

음식이 한식인가요? 양식인가요?

자기 것을 버리고 남의 것으로 잔치를 하는 우리. 우리 것은 버린 자식이 되고 남의 것이 버젓이 주인 행세를 하는 꼴이 되었습니다.

우리는 말로만 민족정기, 민족정기라고 부르짖지만 과연 민족정기를 되살리려는 노력은 얼마만큼 기울이고 있는지 생각해 봐야 합니다.

국경일은 민족혼을 지키고 그날의 의미를 다시 한번 되새기자는 의미에서 정한 날들입니다. 적어도 그날만은 우리식으로 우리 것으로 조상들께 인사드리고 생각하는 것이 기본이 아닐까요?

다듬이질 소리, 마음 어울리는 소리

다듬이 소리를 듣기란 도시에서 별을 보기와 같습니다. 다듬이 소리는커녕 다듬이까지 박물관이나 백과사전에서 찾아봐야 할 지경에 이르렀습니다.

나이 드신 분들 중에는 가장 듣기 좋은 소리가 바로 며느리와 시어머니가 마주앉아 두드리는 다듬이 소리라고 하는 분이 계십니다.

며느리와 시어머니가 한 박자도 틀리지 않고 탁! 탁! 탁! 소리를 맞출 때 이를 바라보는 남편과 시아버지의 기분은 어떨까요? 마치 며느리와 시어머니라는 틀이 사라지고 한 가족이 된 것 같은 뿌듯함이 찾아들겠죠?

그렇다면 요즘의 시어머니와 며느리는 한 자리에 마주앉아 다듬이질을 할 수 있을까요?

고부간의 갈등이 깊어져 예의도 사라지고, 공경하는 마음도 사라지고 그것도 모자라 서로 으르렁대기도 합니다. 게다가 부모를 모시지 않으려고 안간힘을 쓰는 며느리도 있다고 들었습니다.

이러다 보니 시어머니는 며느리에게 조상 대대로 내려오는 조상의 얼, 가풍, 생활의 지혜, 음식 맛을 며느리에게 전수하지 못하고, 며느리는 시어머니가 살아가는 의미를 빼앗아 버리게 되는 것입니다.

탁! 탁! 탁! 소리가 잘 들어맞는 다듬이질같이 마음 잘 맞는 며느리와 시어머니의 이야기가 많이많이 들려왔으면 좋겠습니다.

한 이불 덮고 자기 운동

가족 모두가 한 이불을 덮고 잠을 자면 어떤 기분이 들까요? 비좁고 불편하고 답답할 거라고 말하는 어린이가 있네요.

하지만 우리 조상들은 모두 그렇게 한 이불을 덮고 잠을 자고 한 밥상에 둘러앉아 밥을 먹었답니다.

물론 지금도 밥은 가족이 함께 먹지만 잠을 같이 자는 모습은 여간해서는 보기 힘듭니다.

예로부터 신분이 높지 않던 평민들은 보통 한 이불을 덮고 발가락을 부딪쳐 가며 그렇게 살았습니다. 어쩌면 그래서 한마음 한뜻이 되기 쉬웠나 봅니다. 지금처럼 말만 가족일 뿐, 남보다 못한 사이가 되는 건 꿈도 꾸지 못했나 봅니다.

잠자는 시간이 다르고 일어나는 시간이 달라 가족의 얼굴을 제대로 못 본다는 사람도 있습니다. 하는 일이 바빠서, 직업상 어쩔 수 없는 일이면 할 수 없고요.

일주일에 한 번 정도 가족들이 한 방에서 한 이불을 덮고자 보는 건 어떨까요? 아빠의 거칠어진 발과 엄마의 손에 살짝 내 발과 손을 얹어 보고요. 그동안 못했던 이야기도 나누고, 간지럼도 태우고, 갖고 싶은 물건을 사달라고 애교부리기도 좋은 기회잖아요.

그렇게 한 이불을 덮고 자는 동안 우리도 모르는 사이에 고마운 마음과 사랑하는 마음이 전해지겠죠.

사랑을 엮어 만든 '뜨개질 옷'

백화점이나 의상실에 가 보면 정말 근사한 옷들이 많아요. 우리가 상상도 할 수 없는 가격표를 달고 있는 옷들을 보면 갖고 싶다는 마음보다는 겁이 덜컥 날 지경입니다.

남대문 시장이나 가까운 동네 시장에 가면 싸지만 좋은 옷이 많습니다. 그런 옷들은 보기만 해도 마음이 풍족해집니다.

요즘 우리는 옷을 살 때 무엇을 보면서 사나요? 옷감이나 옷 색깔, 디자인을 보고 산다는 사람도 있지만 더러는 메이커를 보고 옷을 사는 사람이 있습니다. 단순히 남에게 과시하기 위해 값비싼 옷을 산다면 우리의 미래가 정말 뻔합니다.

그렇다면 정말 좋은 옷이란 어떤 옷일까요? 여러 가지 옷들을 생각할 수 있겠지만 그중에서 빠뜨릴 수 없는 것이 바로 '뜨개질 옷'이 아닐는지요.

돈으로 산 옷도 정성이 담긴 옷이지만, 긴 바늘 두 개로 손가락에 굳은살이 박이도록 엮고 감은 뜨개질 옷이야말로 정성이 담긴, 옷 중의 으뜸이지요.

제아무리 기계가 뜨개질 옷을 흉내 내어도 뜨개질 옷만큼 아름답지도 따뜻하지도 않습니다. 또 뜨개질 옷은 돈을 주고 사는 옷보다 훨씬 경제적이기도 합니다. 또 가족을 위해서 뜨개질을 하는 여인의 모습은 얼마나 아름답나요.

뜨개질 옷을 입은 사람을 보면 그 사람 곁에는 그 사람을 진정으로 아끼는 누군가가 있을 거라는 생각에 부러운 마음이 생깁니다. 찬바람이 부는 겨울에 뜨개질 옷을 입은 사람을 많이 만나고 싶어집니다.

한님이, 해님이, 달님이

'한님이', '해님이', '달님이'가 누군지 아세요?

바로 우리 민족을 부흥시킬 인물을 대표하는 이름이지요.

그렇다면 한님이는 어떤 사람을 말하는 걸까요?

한님이는 하나님, 조절자, 하나를 말합니다. 바로 우리의 할머니 할아버지 같은 분들이지요.

해님이는 어떤 사람을 말하는 걸까요?

해님이는 북극성, 태양, 남성을 말합니다. 바로 우리의 아버지 같은 분들이지요.

달님이는 어떤 사람을 말하는 걸까요?

달님이는 북두칠성, 달, 여성을 말합니다. 바로 우리의 어머니 같은 분들이지요.

우리 조상들은 이렇게 한님이와 해님이와 달님이가 잘 조화될 때 가장 우수한 민족이 된다고 했습니다.

그런데 요즘 우리는 어떠한가요? 어른을 공경할 줄 모르며, 충고를 받아들이려 하지 않습니다. 우리보다 오랜 세월을 살아온 할머니, 할아버지들이야말로 우리에게는 하느님과 같은 분으로서 지혜를 주시고, 흐트러진 몸과 마음을 바로잡아 주실 분입니다.

젊은이들은 아버지, 어머니가 계시면서도 마치 어른이라곤 계시지 않는 사람처럼 함부로 판단하고 행동합니다. 또 어른들은 어떤가요. 어른이라는 이름만 달았을 뿐 도무지 어른이라고 볼 수 없는 부끄러운 사람들도 많습니다.

우리의 가슴 속에는 한님이, 해님이, 달님이가 될 씨앗이 숨어 있습니다. 그 씨앗들을 틔우게 하려면 어떻게 해야 할까요? 바로 자기 위치에서 맡은 바 일을 충실히 하고, 마음을 맑게 지니는 것이랍니다.

'갓'을 쓰고 다닌 이유?

'갓'을 머리에 쓰고 도포 자락을 휘날리던 우리 조상들의 모습은 직접 보지 못했어도 그 모습은 무척 눈에 익습니다.

요즘은 개량 한복이라고 하여 우리 고유의 옷, 한복을 현대식으로 개량하여 입고 다니는 사람은 많이 봅니다만 갓을 개량하여 쓰고 다니는 사람은 없습니다.

이렇게 말하면 어린이 중에는 '모자가 있잖아요.' 하고 말하는 사람도 있겠지요. 하지만 이 모자와 갓의 의미는 좀 다르지요.

그렇다면 우리 조상들은 왜 갓을 쓰고 다녔을까요?

서양인들의 성품은 자아가 뚜렷하여 각종 규칙과 법으로 통제가 잘되지만 동양인, 특히 한국인의 성품은 이중적인 무의식이 강하여 법보다는 예와 덕으로 통제해야 질서 유지가 잘된다고 합니다.

그래서 우리 조상들은 예절로 다스리고 그 행동을 통제하기 위하여 머리에 갓을 쓰고 다녔던 것입니다. 갓을 쓰고 다니면서 싸움을 하거나 술주정을 하는 사람은 별로 없지요. 그것은 자기 얼굴에 침을 뱉는 것과 같으니까요.

그래서 이런 생각을 해 봅니다. 요즘처럼 질서가 문란하고, 사람의 도리가 지켜지지 않을 때 이 '갓'을 머리에 씌우면 어떨까 하고요. 그렇게 하면 마치 코미디 프로의 한 장면이 될지도 몰라요. 양복을 입고 갓을 쓰다니.

하지만 꼭 갓이 아니더라도 현대에 맞는 '갓정책'을 잘 활용하여 질서를 지키고 양심 바른 사람을 만들 수는 없을까요?

가슴에 명찰을 달고 살면 어떨까?

사람은 만물의 영장이라고 합니다. 그래서 사람이 아닌 이 땅의 모든 생명들을 지배하고 부려먹습니다.

소는 코뚜레를 끼우고, 돼지는 귀뚜레를 끼우고, 닭은 발목을 묶었습니다. 만약 그렇게 하지 않으면 언제 어디서 동물본성을 보이며 인간을 해칠지, 아니면 도망을 가버릴지 모르니까요. 그들은 만물의 영장인 사람에게 정말 꼼짝도 할 수 없는 처지가 된 거죠.

그런데 요즘은 사람도 이런 '고삐'를 해야 할 것 같습니다. 이성을 잃고 극단적인 개인주의에 빠져 나쁜 짓을 저지르는 인간을 그냥 둘 수 없으니까요.

그러나 실제로 인간에게 고삐를 채울 수는 없고 그 대신 '명찰제도'를 제정하는 건 어떨까 상상해 봅니다. 기업체나 학교에서 하는 것처럼, 전면에는 자신의 얼굴을 담은 칼라 사진과 이름을 적고, 뒷면에는 손가락 지문과 주민등록번호를 넣어서 하루 종일 통제하는 식으로 말예요.

만일 이 명찰제도를 시행한다면 다소 불편하긴 하겠지만 도둑질을 하고 사기를 치고 거짓말을 하고 질서를 지키지 않는 일은 순식간에 사라지겠죠? 명찰을 달고 버젓이 나쁜 짓을 할 사람은 없을 테니까요.

'명찰제도', '갓정책'.

이런 것이 머릿속에 떠오르게 된 현실조차 안타깝고 부끄럽습니다.

학교 종이 땡땡땡!

'학교 종이 땡땡땡. 어서 모이자.
선생님이 우리를 기다리신다.'

초등학교에 들어가기도 전에 배우는 우리 노래입니다. 그런데 이
노래 가사 중의 '학교 종이 땡땡땡'에 대해서 하고 싶은 말이 있습니
다. 노래 가사에 대해서가 아니라 '학교 종'에 대해서 말예요.

요즘은 학교에서 이런 '종소리'를 듣기 어렵습니다. '삐삐삐……',
'딴딴딴……' 대부분 이런 '벨 소리'가 종소리를 대신합니다.

물론 지금도 이런 종소리로 수업을 시작하고 마치는 학교가 있을
겁니다. 문제는 그런 학교는 극소수에 지나지 않고 대부분의 학교
가 벨이나 전자음으로 대신한다는 사실입니다.

'종'과 '벨' 소리는 자라나는 어린이들의 뇌세포에 많은 영향을 미친다고 합니다. 종소리는 정적 사고를 길러 주는 반면, 벨 소리는 동적 사고를 길러 준다는 것입니다.

도덕성이 사라지고, 인정이 메마르고, 계산적이고, 급해지고, 참을성이 부족해지고, 충효사상이 무너지는 것. 이 모든 것의 원인이 혹시 '종소리'와 '벨 소리'의 결핍 때문은 아닌가 싶습니다.

사소한 '학교 종소리'라도 우리 민족의 정서를 고려하는 자세가 필요합니다.

말(言)로 짓는 마음

요즘 부모님께 존칭어를 사용하는 어린이는 과연 얼마나 될까요? 심지어는 조부모님께도 경어를 사용하지 않는 어린이도 있습니다. 비록 친숙한 느낌은 있다고 해도 보고 있기가 아주 민망할 때가 많습니다.

언어 구조는 혀의 동작과 신경 작용 및 의식 세계에 크게 영향을 미치고 있지요. 특히 우리가 자랑스럽게 생각하는 한글의 구조는 수평적 수직의 십형(十形) 구조를 가지고 있습니다.

밥 먹는다는 말을 예로 들어 보지요.

아버지께는 '아버님, 진지 잡수십시오.' 하고, 친구에게는 '자 밥 먹자', 아랫사람에게는 '밥 먹게나.' 등으로 표현을 합니다.

그런데 요즘 어린이들은 할아버지께도, 아버지께도, 친구에게도

모두, '밥 먹어.'라는 말을 사용하는데 이것은 높임말과 낮춤말을
구분하는 수직적 언어기능이 퇴화하고 수평적 언어기능만이 발달
하고 있다는 것을 보여 줍니다.

이러한 현상은 전인적 인간을 형성하는 데 큰 문제점을 발생시
킵니다. 어쩌면 젊은이들이 어른들을 함부로 대하고 업신여기는
것도 이런 이유에서인지도 모릅니다.

어른들께 꼭 존칭어를 사용해야 한다는 법칙은 없습니다. 하지
만 그것은 기본적인 예의입니다. 말 속에서 공경하는 마음과 예절
이 싹튼다는 것을 기억해야 합니다.

2,000원과 2,000냥의 차이

어떤 오징어 장수가 이런 시험을 해 봤습니다.

똑같은 시간, 똑같은 장소, 똑같은 조건에서 하루는 오징어 한 마리의 가격을, '2,000원'이라 하고, 하루는 '2,000냥'이라고 표기하여 어떤 날 오징어가 더 잘 팔리나를 알아보는 시험이었습니다.

여러분은 2,000원이라고 했을 때와, '2,000냥'이라고 했을 때 중 언제 더 오징어가 많이 팔렸을 거라고 생각하나요? 정답은 바로 '2,000냥'이라고 했을 때입니다.

그 원인은 무엇이었을까요? 바로 1냥, 10냥, 100냥에 익숙한 우리 조상들의 습성이 무의식과 뇌세포 속에 잠재해 있기 때문입니다.

이처럼 우리가 깨닫지 못하는 사이에도 우리의 뇌세포 속에는 우리 조상들의 숨결이 흐르고 있습니다. 그것도 모른 채 우리는 지금 서양 문화에 물들어 우리 한민족 고유의 숨결을 망각하고 있습니다.

아무리 우리가 머리카락을 물들이고, 짧은 치마를 입고, 외래어를 사용하고, 외국 잡지나 영화를 본다고 해도 결국 우리는 한민족입니다. 우리가 우리를 보존하지 않고 자랑하지 않는다면 우리는 속이 텅 빈 쭉정이 민족이 될 것입니다.

'가장 한국적인 것이 가장 세계적인 것이다'는 말이 있습니다. 무턱대고 남의 것을 따라 할 것이 아니라 우리 문화를 잘 지키고 가꾸어 나갈 때, 그래서 우리의 뇌세포 속에 잠재해 있는 집단 무의식 인자를 잊지 않고 잘 활용할 때, 우리 민족의 이름은 세계에 드날리게 될 것입니다.

말(言)의 힘

우리는 하루에도 수없이 많은 말을 하면서 살아가고 있습니다. 말로 시작하여 말로써 하루를 마친다고 해도 과언이 아닙니다.

말, 말, 말……가끔은 이런 말 공해에서 벗어나 하루 종일 말 한 마디 하지 않고 지내고 싶을 때가 있습니다.

그런데 우리가 하는 말은 다 어디로 가는 걸까요? 말을 하고 나면 흔적도 없이 사라져버리는 걸까요? 아니면 우리가 볼 수 없는 곳으로 가서 싹을 틔우며 자라는 것일까요?

우리가 한 말 중에 남을 욕하거나 가슴을 아프게 했던 말이 있었다면 그 말은 상처가 되어 남아 있을 테고, 칭찬과 격려의 말은 용기와 희망으로 값지게 쓰였을 것입니다. 또 아무 쓸모없이 지껄인 말은 먼지가 되어 사라졌을 것입니다.

말은 어떻게 하느냐에 따라 '약'이 될 수도 있고 '독'이 될 수도 있습니다.

부주의한 말 한마디가 '싸움의 불씨'가 되고,

잔인한 말 한마디가 '삶을 파괴' 하고,

쓰디쓴 말 한마디가 '증오의 씨를 뿌리게' 하고,

무례한 말 한마디가 '신뢰의 불을 끄게' 하고,

은혜로운 말 한마디가 '길을 평탄하게' 하고,

즐거운 말 한마디가 '하루를 빛나게' 하고,

때에 맞는 말 한마디가 '긴장을 풀어 주기도' 하고,

정이 담긴 말 한마디가 '민족애를 꽃피우게' 합니다.

'세 번 생각하고 한 번 말하라'는 말이 있지요. 생각이 말보다 많고, 꼭 필요한 말, 상처가 되지 않는 말, 사랑이 담긴 말만 할 수 있다면 우리가 사는 곳은 지금보다 훨씬 더 아름답겠지요.

작은 배려

농사철이 되면 시골의 들녘은 후끈후끈 달아오릅니다.

젊은 사람들은 모두 다 도시로 가고 노인들만이 허리를 굽힌 채 끙끙대다 보니 일은 느리고 힘은 힘대로 들고, 정말 안타깝기 그 지없습니다.

휴일을 맞아 부모님을 도우러 오는 자녀들도 있지만, 며칠 일손 돕기로 끝날 만큼 농사일이 간단한 건 아니죠.

그런데 하필 이 바쁜 농사철에 여행을 다니는 사람이 있습니다. 그것도 땀 흘리며 일하는 농부 가까이에서 기타를 튕기거나 노래 를 부르곤 합니다. 그런 사람을 볼 때면 얄미운 마음이 앞섭니다.

힘든 도시 생활에서 벗어나서 하루 정도 자연과 벗삼아 놀고 싶 은 마음은 알겠지만 일손이 부족해서 쩔쩔매는 농부들 앞에서 생각 없이 떠들고 논다면 절대 이해받을 수 없을 것입니다.

내 입장을 내세우기 전에 먼저 남의 입장을 배려하고 내가 조금 손해를 보더라도 남에게 피해를 주지 않는 길을 택하는 것은 우리 사회를 아름답게 하는 비결입니다.

농사철에 팔을 걷어붙이고 직접 농사일을 거들 수는 없다고 해도 이 정도의 배려는 있어야 만이 우리 사회도 제법 살 만한 사회가 될 것이라고 생각합니다.

아름다운 꽃 앞의 세 아가씨

여기 아름다운 꽃이 있습니다. 그런데 세 명의 아리따운 아가씨가 그 앞을 지나가고 있어요. 잠시 후 무슨 일이 일어날지 한번 볼까요.

먼저, 첫 번째로 지나간 아가씨는 아름다운 꽃을 보더니 향기만 맡고 조용히 지나갑니다. 두 번째 아가씨는 꽃을 꺾어 집으로 가져가서 꽃병에 꽂아 둡니다. 세 번째 아가씨는 뿌리가 다치지 않게 뽑아서 집에다 옮겨 놓고 잘 가꿉니다.

이 세 명의 아가씨들은 모두 각기 다른 성품을 지녔습니다. 여러분은 이 세 아가씨의 각기 다른 행동에 대해 어떤 해석을 내리겠어요?

먼저, 꽃을 감상하는 아가씨는 무소유를 뜻합니다. 즉, 자연과의 조화, 무공해 인간, 동양적 사고를 말하지요.

꽃을 꺾어 소유하는 아가씨는 소유를 뜻합니다. 즉, 이기적인 투쟁, 전쟁, 공해 인간, 서양적 사고를 말하지요.

꽃을 가꾸는 아가씨는 무소유의 소유를 뜻합니다. 즉 순리와 합리, 인간 본위의 자연인, 한국적 사고를 말하지요.

여러분은 어떤 아가씨가 가장 올바르다고 생각하나요?

'주인(主人)'이라는 두 글자

한자 속에는 참 재미있는 이야기가 숨어 있지요. 얼핏 보기엔 복잡하고 까다로운 것 같지만 그 속뜻을 알고 보면 넓고 큰 뜻도 담겨 있답니다.

'주인(主人)'이라는 글자도 그 한 예이지요.

임금 주(主)자를 풀어 볼까요. 땅(土) 위에 한 사람(一)이 있으니 바로 왕(王)이죠. 왕은 하늘과 땅과 사람의 천지인(天地人)을 하나로 관통(│)하는 사람입니다. 그리고 왕(王) 위에 한 점(.)을 찍으니 바로 임금 주(主)가 되는 것입니다. 주(主)자는 주인, 주석, 주부의 중심 뜻이 됩니다.

이 말은 내가 바로 하늘과 땅 사이의 주인공이라는 뜻이며 나아가 가정의 주인, 직장의 주인, 나라의 주인, 인류의 주인, 우주의 주인이라는 의미입니다.

시간의 노예가 되어 끌려가지 말고, 시간을 당당하게 이끌어 가는 사람, 책임감이 확실하고 적극적인 자세로 내 생활을 이끌어 나가는 사람만이 내 삶의 '참주인'이 될 수 있을 것입니다.

우리 모두 주인이 되자구요!

어느 부대에서 군인들이 모여 모래를 싣는 작업을 한 적이 있었습니다. A부대와 B부대로 나누어 작업을 하게 되었는데 A부대는 자율적으로 하게 하였고, B부대는 주인정신에 관한 교육을 시킨 후 작업에 들어가게 했습니다.

그런데 한 시간이 지난 후 A부대와 B부대는 큰 차이를 보였습니다. B부대가 360삽을 뜬 것에 비해, A부대는 120삽밖에 뜨지 못했던 것입니다.

어떻게 해서 이런 결과가 나온 걸까요? 바로 주인의식의 유무가 그 원인입니다. 어떤 일이든 그것이 남의 일이 아니고 내 일이라고 생각한다면 놀라운 능력이 발휘될 뿐만 아니라 일의 능률도 오르는 것입니다.

길거리에서 껌이나 담배꽁초를 함부로 버리는 일도 그렇습니다. 만일 그곳이 내 집 마당이라면 그렇게 함부로 더럽히진 않을 것입니다. 공공시설을 함부로 사용하는 것도, 만약 그 물건이 내가 직접 내 돈을 주고 산 것이라면 애지중지 사용할 것이 틀림없습니다.

우리나라의 국토가 모두 내 집 마당이라고 생각하고, 이웃을 내 가족이라고 생각한다면 우리가 사는 이곳은 윤이 나고 정이 깊어질 것입니다. 주인의식이 집 안에서만 발휘될 것이 아니라 집 밖에서도 발휘된다면 모든 것이 한 단계 진보할 것입니다.

소금 같은 사람

소금은 악마를 쫓아 버리고, 질병을 일으키는 균을 살균하는 성분을 가지고 있습니다.

우리 조상들이 오줌을 싼 어린이에게 키를 씌우고 소금을 얻어 오게 한 것도, 집에 기분 나쁜 사람이 들어오면 소금을 뿌리는 것도 소금의 그런 성분 때문입니다.

우리의 식탁에 없어서는 안 될 소금. 음식의 맛을 내는 소금. 소금은 어디서 나올까요? 바로 염전에서 나오지요. 염전의 소금은 바로 바다의 짠물에서 나오고요, 이 바다의 짠물은 태양에서 나오죠. 소금은 태양의 빛을 타고 수천만 년 동안 지구로 내려와 쌓이며 그것이 바다의 짠물이 되지요.

이렇게 만들어진 소금 속에는 태양기의 성분이 들어 있어 악과 질병과 마귀를 쫓아내는 데 사용되어 왔던 것입니다.

우리 민족은 예로부터 소금기가 들어 있는 간장, 된장, 게장, 새우젓, 정제된 죽염으로 인체를 태양처럼 만들어 왔습니다.

소금 같은 사람이 되라는 말은 결국 꼭 필요한 사람이 되라는 말입니다. 한 사람이 생을 마감할 때, 소금 같은 삶을 살았다는 말을 들을 수 있다면 그 사람은 그야말로 성공한, 보람 있는, 가치 있는 삶을 살았다고 할 수 있겠지요.

기지개를 켜는 이유

아침에 이부자리를 박차고 일어나면 제일 먼저 하는 일이 뭐죠? '으라차차!' 하고 기지개를 켜는 일이라고요? 그렇지요. 대부분의 사람들은 기지개를 켜면서 하루를 힘차게 맞습니다.

기지개(氣智開). 과연 기지개란 말에는 무슨 뜻이 숨어 있을까요? 바로 기(氣)의 지(智)를 펴자(開)는 뜻이지요.

학자들은 인간이 두뇌를 10% 미만만 가동할 뿐, 나머지 90%는 잠재우고 있다고 합니다. 그래서 이 잠재력을 개발하는 것이 기지개를 켜는 일이라고 합니다.

기지개는 육체적인 긴장된 상태를 하품으로 이완시켜 근육을 유연하게 할 뿐만 아니라 정신적으로는 산란한 잡생각을 내몰고 맑은 공기와 생각을 빨아들여 인체를 자연 상태로 안정시키는 작용을 한다고 합니다.

그러므로 기지개를 켜는 일은 우리의 몸과 마음을 맑고 건강하게 하는 작은 일 중의 하나이지요. 이제 기지개의 의미를 알았으니 내일 아침부터는 온 기운을 모아서 크고 힘차게 기지개를 켜고 하루를 시작하세요!

지게 작대기의 거대한 힘

시골에 가면 지게를 흔히 볼 수 있습니다. 이 지게에다 나무를 한 짐 해서 지고 오기도 하고 거름을 실어 나르기도 합니다. 그런데 작은 지게에 그 많은 짐을 지고도 일어날 수 있게 하는 힘은 어디서 나오는 걸까요? 순전히 지게를 지는 사람의 힘에서 나오는 것일까요?

그 힘은 바로 작대기에서 나오는 것입니다. 기다란 나무에다 끝을 Y자 형으로 나뉘게 한 그 작대기가 바로 지게꾼을 일어나게 하는 힘을 주는 것이지요.

그런데 작대기란 어떤 것을 말하는 것일까요? 단순한 나무막대기도 지게 작대기로 쓰면 그만 아니냐고요? 아니랍니다.

막대기와 작대기에는 엄연한 차이가 있답니다.

작대기는 대기를 작동하는 힘이 있는 나무를 말하고, 막대기는 대기를 작동할 힘이 없는 나무를 말하는 것입니다.

우리 조상들은 Y자형 작대기에 대기(大氣)가 있음을 알고 좌와 우의 관계를 상보적 관계로 합하는 합일대기(合一大氣)의 원리를 알고 있었습니다.

이 같은 작대기는 지게를 지지할 때는 버팀목으로, 지게꾼이 땅에서 일어날 때는 지지대로 활용됐으며, 휴식 시간에는 작대기 춤, 악기, 지시봉, 방어용 무기로도 활용됐습니다.

작대기 하나에도 이화세계(理化世界)가 있음을 알고, 작대기의 원리를 잘 알아낸 우리 민족, 정말 위대한 민족이지요?

하나의 목표를 향하여

어느 부대에서 병사들을 완전 무장시킨 후 20㎞를 어떤 팀이 가
장 빨리 행군하는가를 시험한 적이 있었습니다.

우선 병사들을 네 팀으로 나눈 다음 같은 목표 지점까지 가는 코
스였는데 그 상황을 아래와 같이 조금씩 달리했습니다.

A팀: 목표가 20㎞이며 가는 도중 15㎞, 10㎞, 5㎞가 남았다는
    것을 정확히 알려 주었다.

B팀: 목표가 어디인지 알려주지 않고 강행군만 시켰다.

C팀: 행군 전 목표가 15㎞라고 말한 뒤 5㎞ 남은 지점에서 20
    ㎞라고 알려 주었다.

D팀: 목표가 25㎞라고 알려 준 뒤 11㎞ 남은 지점에서 사실 6

km밖에 남지 않았다고 알려 주었다.

이렇게 각각 다른 상황을 주고 네 팀을 행군시켰을 때 어떤 결과가 나왔을까요? 결과는 A팀의 성적이 제일 좋았고 그다음 C팀, D팀, B팀의 순으로 목표 지점에 도착했다고 합니다.

A팀이 가장 먼저 목표 지점에 도착한 비결은 바로 정확한 목표가 병사들에게 인식되어 있었고, 그 목표를 향한 병사들의 마음이 하나로 잘 뭉쳐졌기 때문입니다.

이처럼 거짓됨이 없이 사실을 알게 하고, 공동목표를 지닐 때 놀라운 단결력과 추진력이 나오는 것입니다. 즉, 뚜렷한 공동의 목표를 가지고 한마음 한뜻으로 뭉칠 때 우리의 국력은 커지고 목표를 향해 나아갈 수 있는 힘도 솟아납니다.

전방에서 우리의 국군들이 하나로 뭉치고, 사회에서 시민들이 하나로 뭉칠 때 우리의 국가 안보는 정말 탄탄해질 것입니다.

발바닥의 불만

주인에게 불만을 품은 발바닥이 있었습니다. 주인이 늘 더러운 물에만 발바닥을 씻어서 화가 나 있었던 것입니다.

"아니, 주인님. 발바닥이 무슨 걸레입니까? 저도 엄연한 주인님의 몸인데 왜 이렇게 더러운 물에만 저를 씻는 거죠? 정말 이런 수모를 참을 수가 없어요."

발바닥이 참다못해 하루는 주인에게 따졌습니다. 이 말을 듣고 있던 주인은 점잖게 타일렀습니다.

"발바닥아, 내 말 좀 잘 들어 보렴. 얼굴은 사람들이 보니까 맑은 물에 깨끗하게 씻어야 하지만, 너같이 잘 안 보이는 발바닥은 깨끗한 물에 씻어서 뭐하겠니?"

이 말을 들은 발바닥은 더욱 화가 났습니다.

"주인님, 정말 실망했습니다. 남이 본다고 해서 형식을 차리고 명예욕으로 헛자랑을 하는 주인보다는, 비록 발바닥처럼 남이 보지 않는 부분이지만 깨끗하게 다듬고 정리하는 사람, 생각이 깊은 사람을 주인으로 모시지 못한 것이 정말 원망스러울 뿐입니다."

발바닥의 이 말을 들은 주인은 그제야 자신의 그릇된 생각을 바로잡았다고 합니다.

형식과 겉모습이 전부인 양, 속이야 뒷모습이야 어찌됐든 상관하지 않는 사람이 많습니다. 그런 사람들에게 꼭 필요한 이야기지요.

애매모호한 택시 요금 대기

같은 사무실에 근무하는 김 과장과 이 계장은 집이 같은 방향에 있습니다. 김 과장은 집까지 택시를 타면 2,000원이 나오고, 이 계장은 1,000원이 나옵니다. 따라서 이 계장이 먼저 내려도 값은 그대로 2,000원이 드는 것이지요.

이럴 경우에 과연 택시 요금은 누가 어떻게 내야 할까요? 김 과장은 번번이 말로는 이 계장한테 그대로 내리라고 하지만, 상급자인 김 과장과 하급자인 이 계장 모두 불편하긴 마찬가지입니다.

이럴 때는 대략 이 정도의 방법을 떠올릴 수 있겠죠.

A: 이 계장이 1,000원을 내고 김 과장이 1,000원을 낸다.

B: 이 계장이 하급자니까 2,000원을 모두 부담한다.

C: 김 과장이 상급자고 또 가는 길이니까 아예 이 계장 몫까지

해서 2,000원 다 낸다.

D: 아예 다음부터는 계산 복잡하니까 합승을 안 하고 속편하게
따로따로 간다.

여러분은 이들 중 어떤 것을 택하겠습니까? 위의 네 가지 방법
이 마음에 들지 않는다면 새로운 방법이라도 있나요?

절굿공이로 바늘을 만드는 할머니

'마철저(磨鐵杵)'라는 말을 들어 본 적이 있나요?

이 말은 '쇠 절굿공이를 간다'는 뜻으로 고사(故事)에 나오는 이 야기입니다.

이백(李百)이라는 사람이 젊어서 산속에 들어가 시(詩)를 공부한 지 몇 해가 지났을 때의 일입니다. 이백은 더 이상 공부할 것이 없 다고 생각하여 공부를 중단하고 산에서 내려오던 중이었습니다.

그때 쇠 절굿공이를 숫돌에 갈고 있는 한 할머니의 모습이 눈에 띄었습니다. 이백이 이를 이상하게 여겨 그 할머니에게 물었습니다.

"할머니, 무엇 때문에 절굿공이를 갈고 있습니까?"

열심히 절굿공이를 갈던 할머니가 이백의 말을 듣고 이렇게 대 답했습니다.

"이 절굿공이를 갈아서 바늘 하나를 만들려고 한다오."

"뭐라구요?"

할머니의 말을 들은 이백은 깜짝 놀라 할 말을 잃었습니다. 절굿공이로 바늘 하나를 만들려면 얼마나 오랜 시간과 힘이 필요할까 하고 생각하니 기가 찼던 것입니다. 한 가지 목표를 위해 열과 성을 다하는 할머니의 태도는 이백에게 큰 깨달음을 주었습니다.

이 일이 있은 후, 이백은 자신의 교만한 마음을 버리고 다시 산으로 들어갔고, 전보다 더 열심히 공부한 결과 천하제일의 시성(詩聖)이 되었습니다.

이 이야기는 꼭 시를 공부하는 사람에게만 해당되는 것이 아닙니다. 무엇이든지 끊임없는 노력 없이는 결코 그 분야의 대가가 될 수 없다는 것을 가르쳐주고 있는 것입니다.

조금 해보다가 안 되면 쉽게 포기하고 금세 새로운 길을 찾아다니는 사람들이 절굿공이를 갈아 바늘을 만들겠다는 할머니의 정신을 본받는다면 언젠가 그 목표는 반드시 이루어질 것입니다.

참고 문헌

동국세시기
동국여지승람
삼국사기
삼국유사

《한국구비문학대계》, 한국정신문화연구원, 1994
《한국민족문화대백과사전》, 한국정신문화연구원, 1991
《브리태니커백과사전》, 한국브리태니커회사, 1997

강인희, 《한국의 맛》, 대한교과서주식회사, 1998
고은, 《한국의 지식인》, 삼중당, 1980
구미래, 《한국인의 상징 세계》, 교보문고, 1996
국립민속박물관, 《한국의 호랑이》, 국립민속박물관, 1998
권상노 편, 《한국사찰전서》, 동국대학교 출판부, 1979
김광언, 《한국의 민속놀이》, 인하대학교 출판부, 1982
김광언, 《한국농기구고》, 백산자료원, 1986
김동욱, 《기녀사 서설》, 아세아 여성연구 5. 숙명여대, 1996
김두헌, 《한국 가족 제도 연구》, 서울대학교 출판부, 1969
김선풍 외, 《열두 띠 이야기》, 집문당, 1995

김성배 편, 《한국의 금기어, 길조어》, 정음사, 1975

김영재, 《귀신 먹는 까치 호랑이》, 들녘, 1997

김용숙, 《조선조 궁중 풍속 연구》, 일지사, 1987

김용운·김용국, 《한국 수학사》, 열화당, 1982

김태곤, 《한국 무속 연구》, 집문당, 1981

박갑천, 《재미있는 어원 이야기》, 을유문화사, 1995

박계홍, 《한국 민속학 개론》, 형설출판사, 1987

박계홍, 《비교민속학》, 형설출판사, 1990

박병호, 《한국의 전통 사회의 법》, 서울대학교 출판부, 1990

서대석, 〈이조 번안소설고〉, 《국어국문학 52》, 1971

심우성, 《한국의 민속놀이》, 삼일각, 1990

유희경, 《한국복식사 연구》, 이화여자대학교 출판부, 1980

윤서석, 《한국 음식》, 수학사, 1992

이기남, 〈충선왕의 개혁과 사림원의 설치〉, 《역사학보 52》, 1971

이기문, 《속담사전》, 민중서관, 1997

이기백, 《신라 정치사회사 연구》, 일조각, 1994

이능화, 《조선불교통사 下》, 보현각, 1990

이능화, 《조선해어화사》, 한성도서, 1927

이능화, 〈조선무속고〉, 《계명 19》, 1927

이기동, 《신라골품제 사회와 화랑도》, 일조각, 1997

이성우, 《한국식경대전: 식생활 문헌 연구》, 향문사, 1981

이성우, 《한국 식생활의 역사》, 수학사, 1993

이성우, 《한국 식생활사 연구(고대)》, 향문사, 1992

이성우, 《한국요리문화사》, 교문사, 1985

이성우, 《한국식품문화사》, 교문사, 1984

이승훈, 《문학상징사전》, 고려원, 1996

이어령, 《한국인의 신화》, 서문당, 1996

이용범, 〈감악산 고비에 대하여〉, 《불교미술 7》, 1963

이우성 외, 《이조한문단편집, 상, 중, 하》, 일조각, 1978-1990

이창배, 《한국가창대계》, 홍익문화사, 1976

임동권, 《한국의 민담》, 서문당, 1972

임동권, 《한국의 민속》, 교양국사총서 11, 1985

전완길, 《한국화장문화사》, 열화당, 1987

정문기, 《한국어도보》, 일지사, 1977

조희웅, 《한국 설화의 유형》, 일조각, 1983

조항범, 《다시 쓴 우리말 어원 이야기》, 한국문원, 1997

최남선, 《조선상식문답》, 삼성문화재단, 1974

최상수, 《한국 민족 선설의 연구》, 성분각, 1988

최승희, 《한국 고문서 연구》, 지식산업사, 1989

최재석, 《한국 가족 제도사 연구》, 일지사, 1983

최창조, 《한국의 풍수사상》, 민음사, 1998

한국문화상징사전편찬위원회, 《한국문화상징사전 1,2》, 두산동아, 1996

황패강, 《한국의 신화》, 단국대학교 출판부, 1992

색 인

저자 소개

저자 배영기(裵泳基) 교수는 경북 영덕군 지품면 오천동에서 태어났다. 그동안의 학문적 관심의 편력은 정치, 철학, 통일, 교육, 윤리, 종교, 환경, 한국 문화 등이었으며, 그중에서도 '죽음학의 이해'와 '현대 산업사회와 직업윤리'는 가장 애착이 가는 저작이다. 다음으로 '결혼문화'와 '인간의 이해'가 있다. 청소년들을 위한 책으로는 '가위·바위·보'와 '어린이 삼강오륜'이 있고, 그 외에 논문으로는 '생명윤리'와 '한사상' 분야 등 60여 편을 발표했다. 학술에 관계된 활동으로 교육·역사·윤리 관련 학회와 NGO 운동뿐만 아니라, 종교 행사에도 깊은 관심을 가지고 적극 참여하고 있다.

생활 풍속에 담긴 우리 문화 125가지

• 초판 인쇄	2006년 2월 1일
• 초판 발행	2006년 2월 1일
• 지 은 이	배영기
• 펴 낸 이	채종준
• 펴 낸 곳	한국학술정보㈜
	경기도 파주시 교하읍 문발리
	파주출판문화정보산업단지 526-2
	전화 031) 908-3181(대표) · 팩스 031) 908-3189
	홈페이지 http://www.kstudy.com
	e-mail(e-Book사업부) ebook@kstudy.com
• 등 록	제일산-115호(2000. 6. 19)
• 가 격	30,000원

ISBN   89-534-4684-8 93380 (paper-book)
            89-534-4685-6 98380 (e-book)